JN185937

発表会が盛りあがる

3・4・5歳児の
劇あそび

シナリオ&コスチューム

contents

5歳児

アラジンと魔法のランプ 世界の名作

じゅうにしのおはなし 日本の昔話

ポップとタップの大冒険 創作音楽劇

気分は ウキウキ!

なりきりコスチューム

アラジンと魔法のランプ

アラビアンスタイルに、大盛り上がり！　カラーポリ袋と不織布がベースなので、手軽に作れます。

シナリオ 26ページ　コスチュームの型紙と作り方 86ページ　大道具・小道具の作り方 26ページ

案●山本和子　製作●あさいかなえ

子どもアラジン

白くてコロンと丸い帽子と、大人用のブカブカのTシャツがポイント！

魔法使い

黒と茶色のシックな色合いで、神秘的に。

指輪の精

紫の洋服と白いベールで、繊細なイメージに。

じゃーん！
えっへん！
マントは、肩にキラキラしたモールを貼ると華やか！
青年アラジン
黄色い帯で華やかに。
王子アラジン
青年アラジンにマントと羽飾りなどを足すだけ！
願い事はなに？
魔法使いのランプの精
魔法使いと色をそろえて黒をベースに。バンダナ風の帽子をプラス。
アラジンのランプの精
グリーンのカラーポリ袋とキラキラのテープで、華やかさをアップ！

アラジンと魔法のランプ

王様

赤と黄色で、王様らしく堂々とした姿に。

お姫様

ティアラにレースの布を付けてふんわりと。ふくらんだスカートもキュート！

似合う？

お城の人（男）

ターバン風の帽子には、シルバーの飾りを付けて。

お城の人（女）

白いベールと、肩にかけたショールがポイント！

5歳児
じゅうにしのおはなし
年の王様を目ざす十二支たちのお話。動物は、基本の形が共通なので、取り組みやすい！
シナリオ 34ページ
コスチュームの型紙と作り方 90ページ
大道具・小道具の作り方 34ページ
案●山本和子　製作●いわいざこまゆ
腕に巻いたスズランテープが特徴的。
ひげと鼻には、市販のマスクを使います。
えいっ！
神様
キラキラ素材で特別感を出しました。
ねずみ
ピンクの尾がキュート。
ねこ
かわいいひげがポイントです。
尾はカラービニールテープで、しま模様に。

じゅうにしのおはなし

うし

黒い色画用紙で
うし柄を表現します。

ふっくらさせたカラー
ポリ袋を背負って、う
しの大きさを表現。

ガオー

とら

帽子も尾もとら柄で
インパクト大！

負けないぞ！

うさぎ

首元のリボンで
おめかし。

たつ

たてがみと長い尾が
かっこいい！

リュックサック
型の尾が迫力満
点。

尾はリュックサック
型です。
へび
水玉柄でかわいらし
い印象です。
立派なたてがみは、
スズランテープで作
ります。
王様に
なれるかな？
うま
たてがみが勇ましい
イメージです。
毛糸をあしらっ
て、もこもこの
毛を表現。
ひつじ
ふんわりした素材で
ひつじらしさを出し
ます。

じゅうにしのおはなし

ウッキッキ
さる
大きな耳が
ポイントです。
腕にもカラーポリ袋を
付けて、翼にします。
とり
ふんわりした
翼がポイント。
じゃーん
いぬ
耳と尾でかわいらし
く仕上げます。
いのしし
折り紙を裂いて
作った模様が特徴的。

5歳児 ポップとタップの大冒険

ポップとタップが冒険するお話。登場人物の特徴がわかりやすいコスチュームです。帽子や王冠などの小物に、子どもたちも大喜び！

シナリオ 40ページ　コスチュームの型紙と作り方 93ページ　大道具・小道具の作り方 40ページ

案●山本和子　製作●あさいかなえ

タップ

セーラーカラーがさわやか！ ベレー帽や胸の音符もポイントです。

さあ

ポップ

大きなリボンに、ふんわりスカートがキュート！

音符は揺れるように付けます。

ティアラはキラキラしたモールで！

お姫様

ピンクのグラデーションがすてきなドレス。手首に花を付けて華やかに。

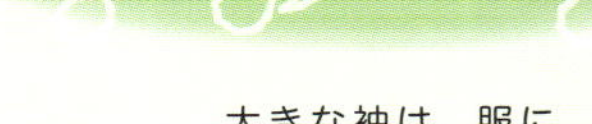

王様

王様は鮮やかな黄色で威厳たっぷり。王冠はスチロール丼がベース。

大きな袖は、服に直接貼ります。

ふっふふふふ～

よいとき

魔法使い

帽子とスカーフ、洋服の色を明るくして、神々しい感じに。

怖い目のマークを胸に付けます。

悪いとき

魔法使い

大きな黒いマントで、ちょっと怖そうな雰囲気に。

火の国の子ども
カラーポリ袋のギザギザが、炎を表現しています。
腕には、切ったカラーポリ袋を直接貼ります。
上半身は赤とオレンジの組み合わせでおしゃれに！
かぶとの耳当ては、画用紙をアルミホイルで包んでいます。
帽子は、先までピンと立つようにかぶります。
パチパチ
氷の国の子ども
耳当て付きのかぶとと、雪の結晶模様の盾がかっこいい！
森の国の子ども
葉っぱをたくさんちりばめて。全身を緑でまとめます。

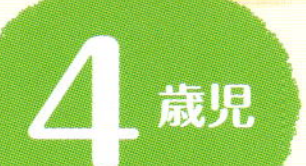

4歳児 999ひきのきょうだい

999匹のかえるの兄弟たちが大活躍！　コスチュームは頭にかぶるずきんが中心なので、準備が簡単です。

シナリオ 52ページ　コスチュームの型紙と作り方 97ページ　大道具・小道具の作り方 52ページ

案・製作 ● いわいざこまゆ

すーい すい

結び目の左右に色画用紙の尾を貼ります。

ねぼすけのお兄ちゃんは、目にまぶたを付けて表現します。
※おたまじゃくしのときも同じまぶたを付けます。

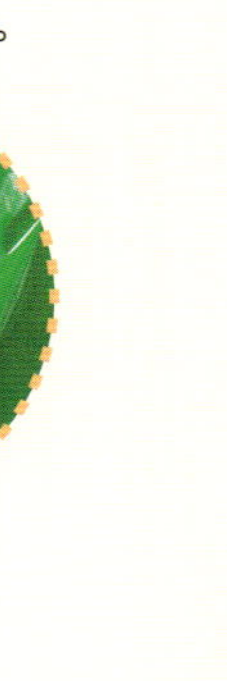

かえる
弟たち

赤い頬が元気な雰囲気です。

おたまじゃくし
弟たち

バンダナ形で手軽に作れます。

ムニャ ムニャ

お兄ちゃん

眠そうなまぶたで愛らしく。

食べてやるー
長い尾は持ってあげる！
へび
星柄の長い尾が大迫力。
胴から尾は長く作って、頭とつなげます。
※演じるときは、尾の長さがわかるように他の子どもが持ってあげるとよいでしょう。
えっへん！
お母さん
エプロンをつけて大人っぽく仕上げます。
エプロンの裾はひだを寄せてエレガントに！
お父さん
立派なひげで貫禄を出して。

4歳児 さるじぞう

いつもと違う着物スタイルで、時代劇気分が高まります。
頭からかぶる衣装で、簡単に作れるのがうれしい。

シナリオ 58 ページ　コスチュームの型紙と作り方 98 ページ　大道具・小道具の作り方 58 ページ

案●山本和子　製作●いわいざこまゆ

おじいさん

着物のあわせ部分や肩部分に和柄を使えば、あっという間に和風スタイル。

おばあさん

手ぬぐいを前で結び、両サイドに髪の毛を付けて、和風の装いに。

へ〜っ
なるほど〜
サイドは全開のスリット状なので、着やすく動きやすい。
よくばり
ばあさん
ウエストのリボンを少し長めに垂らして柔らかい感じをアピール。
よくばり
じいさん
ウエストリボンは短く元気に。おひげがポイント。
さる
手ぬぐいの両サイドをゴムで留めてキュートな耳に。

4 歳児 おもちゃの国の物語

お面の絵を子ども自身が描くところがポイント。基本の形が同じなので、作り方もカンタン！

シナリオ 64 ページ　コスチュームの型紙と作り方 99 ページ　大道具・小道具の作り方 64 ページ

案 ● 浅野ななみ　製作 ● まーぶる

帽子にカラーポリ袋をねじって貼ると、簡単に豪華になります。

おもちゃ

お面には、自分がなりたいおもちゃを描きます。

着脱しやすいように背中で結ぶタイプです。

魔法使い

大きなとんがり帽とステッキで魔法使いらしさ満点 ！

3歳児 おべんとうを作りましょ

服の形が全て同じなので、まとめて作ることができます。いろいろな食べ物になった子どもたちがかわいい！

シナリオ 72ページ　コスチュームの型紙と作り方 100ページ　大道具・小道具の作り方 72ページ

原案●松家まきこ　案・製作●いわいざこまゆ

キャベツの葉をイメージしたヘアバンドを付けて。

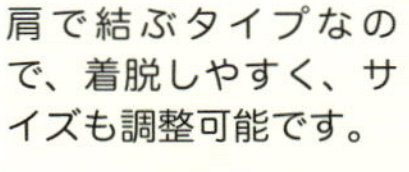

肩で結ぶタイプなので、着脱しやすく、サイズも調整可能です。

おにぎり

エアーパッキングのつぶつぶが、ごはんを表現しています。

キャベツ

細く切り込みを入れたカラーポリ袋で、千切りキャベツらしさを！

ハンバーグ

エアーパッキングを茶色のカラーポリ袋で包んで、ふっくらおいしそうなハンバーグに！

にんじん

お花形に切ったにんじんのかぶりものがかわいい！

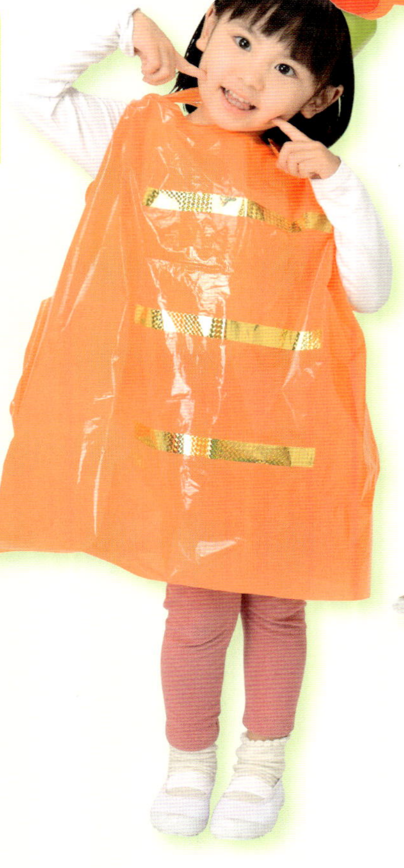

おいしいよ

ヘアバンドを作って、さくらんぼを貼ります。

かさの内側は、エアーパッキングでふっくらさせ、頭に載せやすいように輪を付けます。

しいたけ

大きなかさをかぶって、しいたけになりきり！

さくらんぼ

立体的なさくらんぼと、裾のテープがポイント！

さあ食べて！

卵焼き

鮮やかな黄色の卵焼きを頭に載せて！

エアーパッキングをカラーポリ袋で包んで、ぐるぐると巻いて。

たこさんウインナー

たこの足は、ひらひら揺れるように作ります。

裾に切り込みを入れて、角を内側に折るだけで、たこらしい足に。

うさぎりんご

大きなうさぎりんごを頭に載せて！

りんごの実はエアーパッキングとカラーポリ袋で、皮はカラー工作用紙で作ります。

3歳児 おおきなかぶ

おおきなかぶとおじいさんたちの力くらべ。ベストが共通なので、作りやすい！

シナリオ 80ページ　コスチュームの型紙と作り方 103ページ　大道具・小道具の作り方 80ページ

案・製作 ● いわいざこまゆ

よいしょ！

あごひげは平ゴムに付けて、帽子に貼ります。

おじいさん

ひげやくわなど、小物にも凝っています。

おばあさん

ベストに付いたチロリアンテープがレトロな雰囲気。

エプロンはスカートの前身ごろにくっつけます。

男の子

孫

左右違う柄のポケットがおしゃれです。

女の子

孫

真っ赤なスカートで愛らしさたっぷり。

がんばろう!

おおきなかぶ

いぬ

首元のちょうネクタイがポイント。

ねずみ

真ん丸お耳とスカーフでキュートに。

ねこ

赤いちょうネクタイでおすまし。

シナリオ集

5歳児

4歳児

3歳児

5歳児

アラジンと魔法のランプ

「アラビアンナイト」のなかでも有名な物語のひとつです。シンバルの音とともに登場するランプの精、指輪の精が物語のアクセントとなって舞台を盛り上げます。

案・脚本 ● 山本和子　　イラスト ● すぎやまえみこ

配役

子どもアラジン

魔法使い

指輪の精

青年アラジン

王子アラジン

アラジンのランプの精

魔法使いのランプの精

王様

お姫様

お城の人（男）

お城の人（女）

コスチューム
製作例 4～6ページ
作り方 86～89ページ

大道具

洞窟、ランプの台

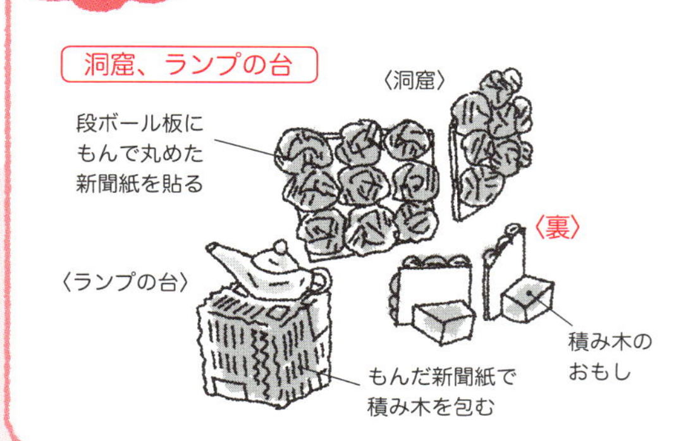

アラジンのお城

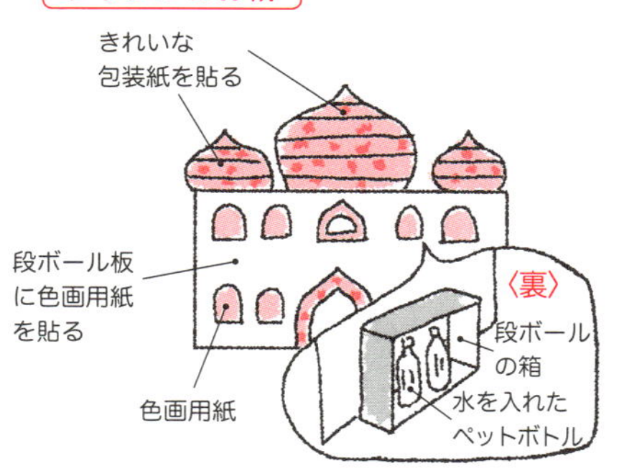

王様の玉座

第1幕

●舞台中央に洞窟のセット。
●その横に魔法使いが座っていて、アラジン（子ども）が登場。

ナレーター　むかしむかし、あるところに、アラジンという男の子がいました。

魔法使い　アラジンや、この洞窟の中に入って、
中にあるランプを取ってきておくれ。
おじさんは、体が大きくて中に入れないんだ。

アラジン　わかったよ。待っててね。

●黒子が洞窟の入り口を開け、アラジンは中に入っていきます。
●舞台袖のみんなが歌をうたいます。

魔法使いに頼まれて、アラジンは洞窟の中に入っていきます。

歌　「気をつけて」
♪アラジン　アラジン　きをつけて（２回繰り返し）

アラジン　あった、このランプだな。

●アラジンは洞窟の入り口の所まで出てきて言います。

アラジン　おじさん、ランプを持ってきたよ。

魔法使い　アラジン、そのランプをこっちによこせ。

アラジン　どうしたの？　おじさん。そんな怖い顔をして。
嫌だよ、渡すもんか。

●アラジンは穴の奥へ後ずさりします。
●魔法使いは杖を振り上げて呪文を唱え、黒子は洞窟の扉を閉めます。

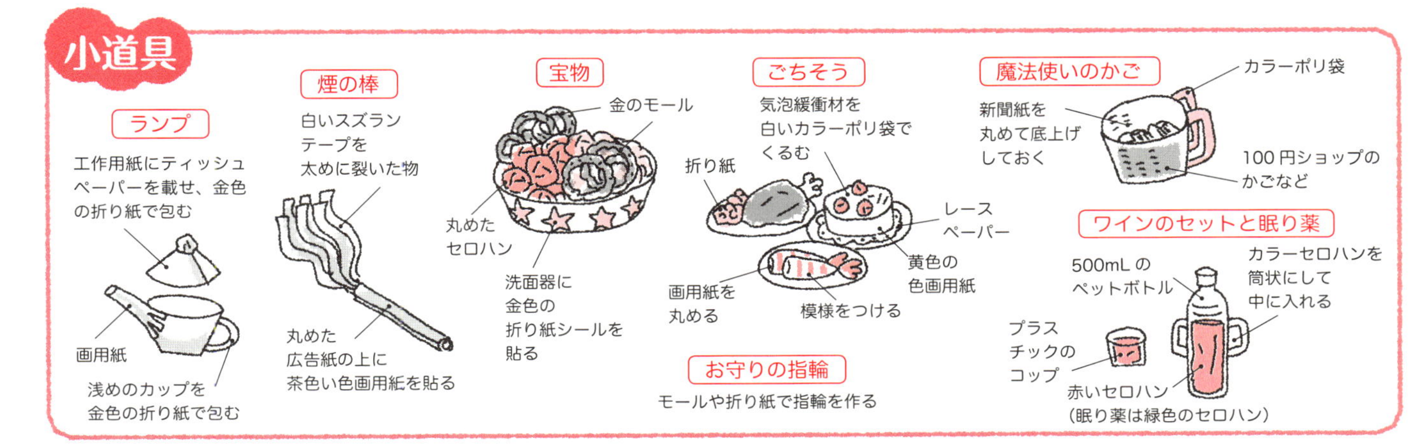

魔法使い　ええい、よくもわしを怒らせたな！
洞窟よ、閉まれ、ドムドム　ドームラー！

ナレーター　ガラガラ　ドッシン！　アラジンは洞窟の中に閉じ込められてしまいました。

●魔法使いは舞台袖へ下がります。

アラジン　あのおじさんは、悪い魔法使いだったんだ！

ナレーター　洞窟の中は寒かったので、アラジンが手をこすり合わせていると、お守りとして魔法使いから渡されていた指輪がしゅっとこすれました。

●アラジンが指輪をこする動作をしたら、舞台袖でシンバルを小さめに鳴らします。
●煙の棒を振って、指輪の精が登場（登場シーンは以下同様）。

指輪の精　わたしは指輪の精でございます。
アラジン様、あなたが手に持っているランプをこすってごらんなさい。

アラジン　このランプをこするの？

●アラジンがランプをこすったら、舞台袖でシンバルを大きく鳴らします。
●煙の棒を振りながらアラジンのランプの精①②③が登場します。

ランプの精①②③　わたしたちはランプの精でございます。
３つの願いをかなえてあげましょう。

アラジン　それじゃあ、この洞窟から出してください。

ランプの精①　わかりました。扉よ、開け！

●ランプの精①は両手を広げて扉を開けるポーズ。洞窟の扉が開き、アラジンとランプの精たちは外に出ます。

アラジン　ああ、よかった！　さあ、うちに帰ろう。

●アラジンとランプの精たちは舞台袖へ下がります。

ランプの精が両手を広げたら、黒子が洞窟の扉を開けます。

第2幕

●玉座に王様が座り、そばにお姫様が立ちます。アラジン（青年）は舞台の袖から登場します。

ナレーター　やがてアラジンは、立派な若者になりました。
アラジンはお城のお姫様が好きになりましたが、
王子様でないと結婚できません。

若者になったアラジンの前をお城の人を従えたお姫様が通り、舞台袖へ。アラジンは頬に手をあてて、お姫様の姿を見送ります。

アラジン　そうだ、ランプの精にお願いしよう。

●アラジンがランプをこすったら、
舞台袖でシンバルを大きく鳴らします。
●煙の棒を振ってランプの精①②③が登場します。

ランプの精②　アラジン様、２つめの願い事はなんでしょう？

アラジン　ぼくを王子にして、お姫様と結婚させてください。

ランプの精②　わかりました。
王子様のお城と服、出てこい！

●黒子がアラジンのお城のセットを出し、すばやく王子の服と帽子を着けさせます。

ランプの精②　王様に贈る宝物、出てこい！

●ランプの精②は宝物を持ってきて王様のそばに置き、①③といっしょに舞台の袖へ。
●アラジンは王様の前へ進んで、おじぎをします。

王様の両脇にはお城の人々。王様は玉座に座り、前には宝物やごちそうを置いておきます。アラジンとお姫様は手をとりあって喜ぶしぐさをします。

アラジン　王様、お姫様と結婚させてください。

王様　おお、なんと立派な王子じゃ。宝物もすばらしいのう！
よし、姫と結婚するがよい。

アラジン　ありがとうございます！

ナレーター　こうしてアラジンとお姫様は結婚して、仲よく暮らし始めました。

●アラジンとお姫様は手をつないで舞台の前の方へ進み、
王様は舞台の袖へ。
●黒子は玉座を片づけ、お城のセットを中央に出し、
お城の人々も登場。
（ここで結婚行進曲などをかける）

第3幕

ナレーター　ところがある日、アラジンの外出中にあの魔法使いが商人のふりをしてやってきたのです。

●アラジンはお姫様に手を振って、舞台の袖へ。反対側から魔法使いが、かごを背負って登場。

魔法使い　もしもし、お姫様、古いランプはありませんか？新しいランプと取り換えてあげますよ。

お姫様　古いランプならありますわ。

●お姫様は魔法のランプを魔法使いに渡します。

魔法使い　ついに、魔法のランプを手に入れたぞ！

●魔法使いがランプをこすったら、舞台袖でシンバルを大きく鳴らします。
●煙の棒を振って魔法使いのランプの精①②③が登場します。

ランプの精①②③　わたしたちはランプの精でございます。３つの願いをかなえてあげましょう。

魔法使い　最初に、ごちそうを運んでこい！

ランプの精①　わかりました。ごちそう出てこい！

●ランプの精①は、ごちそうを魔法使いの前に置いて、舞台の袖へ。

魔法使い　今度は宝物を持ってこい！

ランプの精②　わかりました。宝物出てこい！

●ランプの精②は、宝物を魔法使いの前に置いて舞台の袖へ。

魔法使い　最後にお姫様とお城をわしのものにするのだ！

ランプの精③　わかりました。ゴゴゴゴゴー！

お姫様　きゃあ、助けて！

●ランプの精③は、お姫様の手をつかんで魔法使いの後ろに連れて行ってから、舞台の袖へ。

黒子がお城を脇に移動し、魔法使いが中央に立ちます。魔法使いの前にごちそうや宝物を置き、ランプの精がお姫様を連れて行きます。

第4幕

●アラジンが登場し、お城のドアを押したり、たたいたりするまねをします。
●魔法使いはお城の横から顔を出します。

ナレーター　しばらくして、アラジンが帰ってきましたが、お城に入ることができません。

魔法使い　わっはっは！
アラジン、お姫様もお城も、もうわしのものだ！

アラジン　あっ、おまえは悪い魔法使い！
さては、魔法のランプを手に入れたんだな！

●黒子は、アラジンに背を向けるようにして玉座を横向きに舞台の端に出し、魔法使いはそこに座ります。
●少し離れた所にお姫様が顔を手で覆って座ります。
●お姫様のそばにワインとコップを置きます。

アラジンは眠り薬を持ってお城の後ろに隠れ、お姫様は悲しそうに顔を覆います。

アラジン　そうだ、指輪の精に助けてもらおう。

●アラジンが指輪をこする動作をしたら、指輪の精が登場する。

指輪の精　アラジン様、『開け　ゴマゴマ』と唱えてごらんなさい。
お城に入れますよ。

アラジン　ありがとう。よし、開け　ゴマゴマ！

●黒子はお城を舞台正面の壁の近くに運び、アラジンが隠れる程度の幅をとって置きます。
●アラジンは、眠り薬を持って忍び足でお姫様の所へ行き、それを渡します。

お姫様　まあ、アラジン様！

アラジン　お姫様、この眠り薬を魔法使いに飲ませてください。

お姫様　はい、やってみます。

●お姫様はワインの瓶に薬を入れるまねをし、魔法使いに近づきます。
●アラジンはお城の後ろに隠れます。
●魔法使いは魔法のランプを持ってお姫様に近づきます。

魔法使い　今、誰かの声が聞こえたぞ。

お姫様　いいえ、誰もいませんわ。
さあ、おいしいワインを召し上がれ。

魔法使い　これはうれしい。どんどんついでくれ。

●魔法使いは、お姫様についでもらったワインを飲み干し、横になって眠るしぐさをします。

魔法使い　ふぁあ、眠くなったぞ。ぐうぐうぐう〜。

●アラジンが魔法使いからランプを取り上げてこすります。
●舞台の袖でシンバルを大きく鳴らします。
●煙の棒を振ってアラジンのランプの精①②③が登場します。

ランプの精　アラジン様、３つめの願い事はなんでしょう？

アラジン　魔法使いを、いい魔法使いに変えてください。

ランプの精　わかりました。

●３人のランプの精は、魔法使いを取り囲み、煙の棒をばたばたさせ、魔法使いは立ち上がります。

ランプの精　いい魔法使いになれ、ビビビビー！

魔法使い　アラジン様、ごめんなさい。
もう悪いことはしません。

ナレーター　こうしてお城には平和が戻り、アラジンはお姫様と、ずっと幸せに暮らしました。

●フィナーレ。出演者全員が登場し、うたって踊ります。

歌　「アラジンのうた」

♪ランプをこすれば　ぽわわんわん
ランプのせいが　あらわれて
どんなねがいも　かなえてくれる
しあわせな　アラジン　アラジン
しあわせな　アラジン　アラジン
おめでとう

♪「気をつけて」

作詞・作曲／山本和子

♪「アラジンのうた」

振り付け

① ♪ランプを

片足を前に出し、手でランプをこするしぐさをします。

② ♪こすれば

もう片方の足を前に出して同様の動きをします。

③ ♪ぽわわん

輪を描きながら、手を上へ。

④ ♪わん

両手を頭の上で合わせて片足立ちをします。

⑤ ♪ランプの

右手を横に開きます。

⑥ ♪せいが

⑦ ♪あらわれ

左手を横に開きます。

軽くしゃがみます。

⑧ ♪て

パッと伸び上がります。

⑨ ♪どんなねがいも

両手を胸の前で重ねて、足踏みしながら頭を左右に傾けます。

⑩ ♪かなえてくれる

手を前に伸ばします。

⑪ ♪しあわせな

足踏みしながら顔の横で手を振ります。

⑫ ♪アラジンアラジン

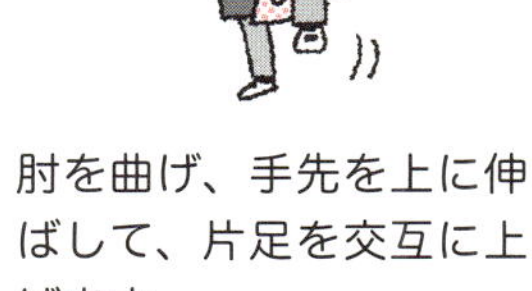

肘を曲げ、手先を上に伸ばして、片足を交互に上げます。

⑬ ♪しあわせな アラジンアラジン

⑪⑫と同じポーズをします。

⑭ ♪おめでとう

両手を広げておじぎのポーズをします。

作詞・作曲／山本和子

5歳児 じゅうにしのおはなし

十二支の成り立ちにちなんだ物語です。劇遊びを楽しみながら、自然に干支（えと）を覚えられるので、お正月のときなどにも、盛り上がります。

案・脚本 ● 山本和子　イラスト ● いとうみき

配役

（ナレーターは保育者、または子どもが分担しても。神様とねずみ、ねこはダブルキャストにしてもよいでしょう）

コスチューム
製作例 7～10ページ
作り方 90～92ページ

大道具

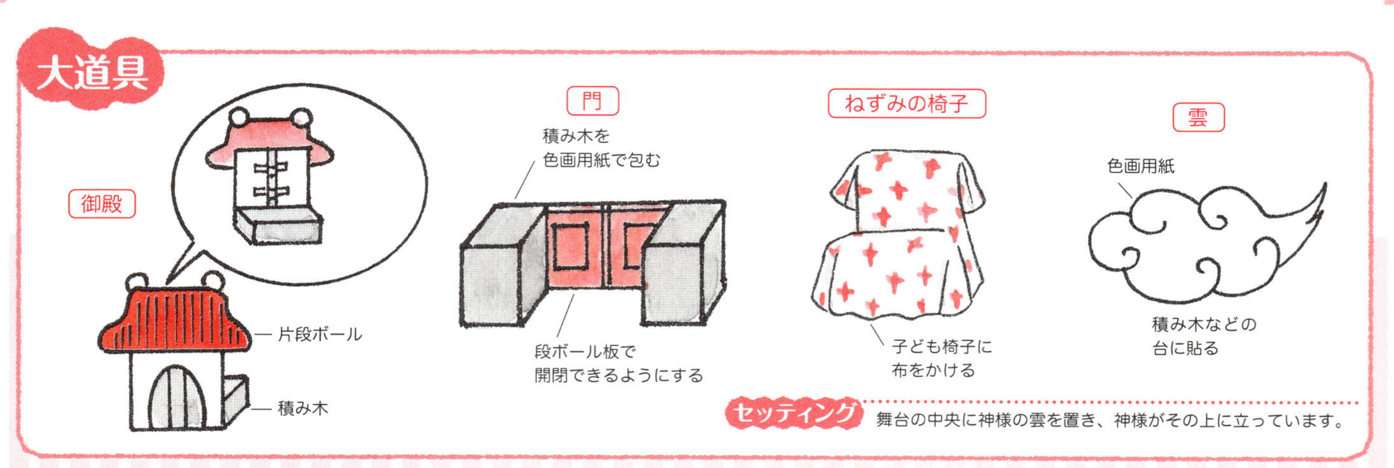

セッティング　舞台の中央に神様の雲を置き、神様がその上に立っています。

第1幕

ナレーター　むかしむかし、神様が
生き物たちを集めました。

神様　おーい、生き物たちよ、集まりなさい！

●神様が雲の上から、
生き物たちを呼び集めるように杖を振ります。

生き物たち　はい、神様！

●生き物たちが登場。神様を囲むように、
片膝を立てて座ります。
●ねこだけは、だらんと寝転んで、
みんなで言うセリフも言いません。
●神様に生き物たちに話しかけます。

神様　生き物たちよ、お正月の１日の朝、
わたしの御殿へ来るがよい。

生き物たち　神様、１月１日ですね。

神様　そうじゃ、１番から12番までに来たものを、
十二支と呼んで、年の王様にしてあげよう。

生き物たち　わあい、十二支になりたいな！
神様、きっと行きます！

ナレーター　生き物たちは、張り切って帰っていきました。

●ねこ以外は、両手を上げて「がんばるぞ！」のポーズを
します。
●ねこ以外は退場。雲を下げます。

ナレーター　ところがねこは、神様の御殿へ行く日を
忘れてしまったのです。

ねこ　ええと、いつだったっけ？
そうだ、ねずみくんに聞いてみようっと！

●ねこはその場で歩く動きをします。
●ねずみは椅子を出して、座ります。

ナレーター　ねこは、ねずみの家に行きました。

神様は、雲のセットの上で両手を広げ、杖を振りながら生き物たちを呼ぶポーズをします。

生き物たちは、神様の周りに集まり、立て膝をします。ねこは寝転んでそっぽを向いています。

椅子に座ったねずみに、ねこが近寄っていきます。

ねこ	ねずみくん、神様の御殿に行くのは、 お正月のなん日だっけ？
ナレーター	ねずみは、わざと違う日を教えました。
ねずみ	ええと、たしか１月の２日だったよ。
ねこ	２日だね。ねずみくん、ありがとう！
	●ねこは退場します。
ナレーター	ねこは喜んで帰っていきました。
ねずみ	うっひっひ、これでライバルが１人消えたぞ！
	●ねずみはガッツポーズをし、椅子を持って退場します。

ねこは喜びながら退場。ねずみは、ニヤニヤしながら、ガッツポーズ。

第２幕

	●神様の御殿と門を出し、内側に神様がしゃがんで隠れます。
ナレーター	さて、お正月の１日になりました。 最初に出かけたのは「うし」です。
	●うしがゆっくり登場します。
うし	モ～！　わたしは歩くのが遅いから、早く出かけよう。
ナレーター	うしが歩き出すと、ちょこんと、 ねずみが背中に飛び乗りました。
	●うしの背中にねずみがくっついて歩いていきます。 ●舞台をひと回りして、御殿の門の前に来ます。
ナレーター	うしはこっとりこっとり歩いて、 神様の御殿に着きました。
うし	まだ、誰も来ていないから、わたしが１番だ！
ナレーター	そのとき、ねずみがうしの背中から ぴょこん！
	●ねずみはうしの前に飛び出します。
ねずみ	チューチュー！　１番は、ねずみだよ！
うし	モ～！　うしは２番だ～。

ねずみは、うしの前に飛び出します。うしは、ねずみを見てびっくりした表情をします。

ナレーター	そこへ、生き物たちが、つぎつぎにやって来ました。
とら	ガオー！　３番はとら！
うさぎ	ピョンピョン！　４番　うさぎ！
たつ	ゴゴゴー！　５番　たつ！
へび	ニョロリン！　６番　へび！
うま	ヒヒヒーン！　７番　うま！
ひつじ	メエメエ！　８番　ひつじ！
さる	キャッキャッ！　９番　さる！
とり	コケコッコー！　10番　とり！
いぬ	ワンワン！　11番　いぬ！
いのしし	ドドドドー！　12番　いのしし！

十二支の順番に、生き物たちが登場します。

●とら、うさぎ、たつ、へび、うま、ひつじ、さる、とり、いぬ、いのししが、順番に舞台をひと回りして、御殿の前に並び、立て膝をします。
●御殿の門が開いて、神様が登場します。

生き物たち	神様、あけましておめでとうございます！
神様	生き物たちよ、よく来たな。 よし、今からここにいるみんなを十二支と呼んで、 早かった順番に、年の王様にしてあげよう。
生き物たち	わーい！　やったー！　十二支になったよ！
ナレーター	生き物たちはうたって踊ります。
歌	「じゅうにしになったよ」

♪じゅうにしになったよ
じゅうにしになったよ
ねずみどし！ うしどし！ とらどし！
うさぎどし！ たつどし！ へびどし！
うまどし！ ひつじどし！ さるどし！
とりどし！ いぬどし！ いのししどし！
おうさまだ　おうさまだ
としのおうさまだ

全員が客席の方を向いて歌をうたいます。生き物たちは、それぞれ自分の年のところで前に出ます。

●神様は門の中へ入り、門を閉めて隠れます。
●十二支たちは、楽しげに退場します。

第3幕

ナレーター　次の日の１月２日の朝です。
ねこは十二支になろうと、神様の御殿へやって来ました。

●ねこが元気に歩いて登場し、御殿の前に立ちます。

ねこ　わあい、誰もいないぞ。ぼくが１番だ！
神様、ぼくを十二支にしてください。

●神様が門から顔を出します。

神様　これ、ねこよ、わたしの所へ来る日は、
きのうじゃ。もう遅い。十二支は決まったぞ。

●神様は顔を引っ込めます。

ねこ　えっ、ねずみくんは２日だと言ったのに…。

神様は門から顔を出し「ダメダメ」というしぐさをします。ねこは両手を顔の前に広げ、びっくりした表情をします。

ナレーター　ねこはやっと、ねずみにだまされたことに、
気がつきました。

●ねずみが、のん気そうに登場します。

ねこ　ねずみめー、よくもだましたな。

ねずみ　ははははのはー！

ねこ　ニャオー！　待て待て！
つかまえて、こらしめてやるぞ！

●ねこはねずみを追いかけて、
舞台をひと回りしてから退場します。

ねずみはかけ足で舞台をひと回りし、ねこはねずみを追いかけます。

ナレーター　ねずみのせいで、十二支になれなかったねこは、
それからずっと、ねずみを見ると、追いかけるように
なったんですって。

歌　「じゅうにしになったよ」（フィナーレ）

♪じゅうにしになったよ　じゅうにしになったよ
おうさまだ　おうさまだ
としのおうさまだ

●全員がうたいながら登場し、手をつないでおじぎをします。

♪「じゅうにしになったよ」

振り付け

① ♪じゅうにしに

両手を曲げて足踏みをしながら、右手を突き上げます。

② ♪なったよ

両手を曲げて、足踏みをします。

③ ♪じゅうにしに

両手を曲げて足踏みをしながら、左手を突き上げます。

④ ♪なったよ

再び両手を曲げて足踏みをします。

⑤ ♪ねずみどし

ねずみ役は両足を開いてガッツポーズをしたら、次の年の人に向けて、手をのばします。

⑥ ♪うしどし

以下、十二支の最後、いのししまで、順番に同様の動作をします。

うし役は両足を開いてガッツポーズをしたら、次の年の人に向けて、手をのばします。

⑦ ♪おうさまだ

腰に手を当てて、右肩と右足を出します。

⑧ ♪おうさまだ

腰に手を当てて、左肩と左足を出します。

⑨ ♪としの

胸の前で手を組みます。

⑩ ♪おうさまだ

胸の前で組んだ手を、上へ大きく開きます。

作詞・作曲／山本和子

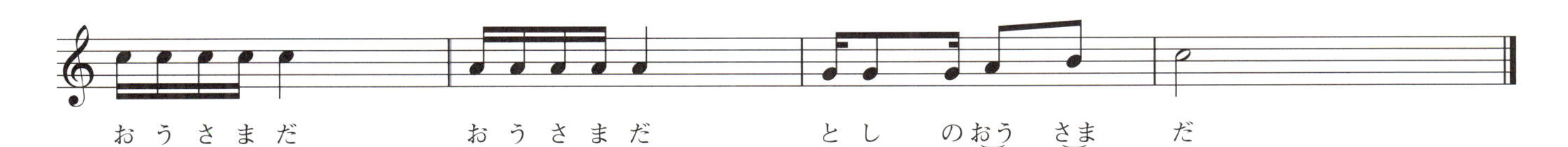

5歳児

ポップとタップの大冒険

歌の好きなポップという女の子と、タップという男の子が、お姫様にかかった魔法をとくために冒険に出かけます。歌をうたうとみんな友達になる、とても楽しいお話です。

案・脚本 ● 山本和子　　イラスト ● やまざきかおり

配役

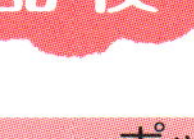

ポップ

タップ

王様

お姫様

火の国の子ども

氷の国の子ども

森の国の子ども

魔法使い（悪いとき）

魔法使い（よいとき）

コスチューム

製作例　11～13ページ
作り方　93～96ページ

大道具

お城

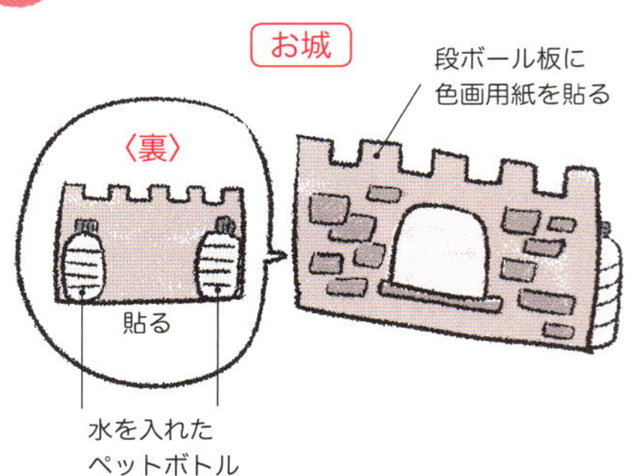

森の扉

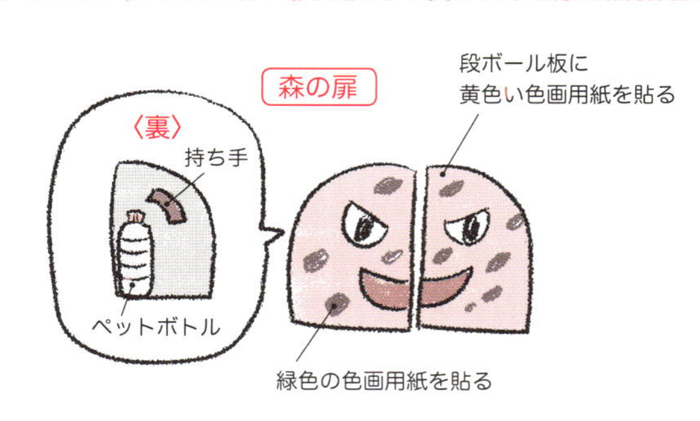

雲

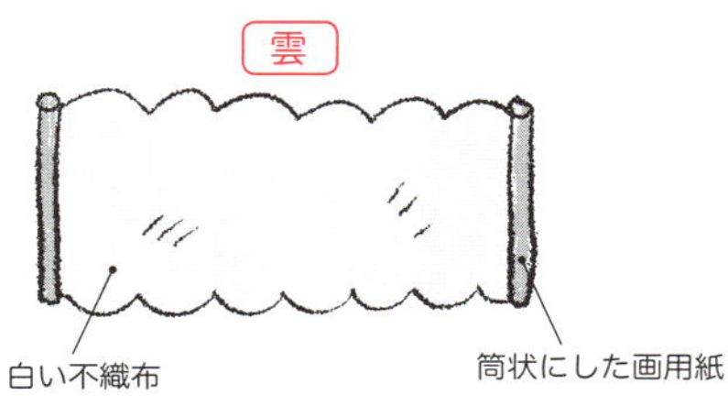

あやしい風の布

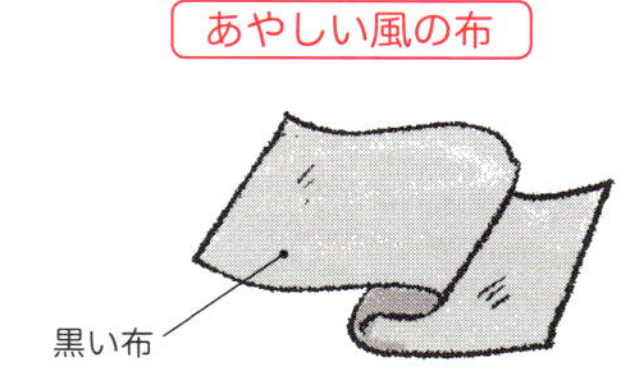

♪「小さな世界」

振り付け／山本和子

振り付け

① ♪せかい

右手を前に出します。

② ♪じゅう

左手を前に出します。

③ ♪どこ

両手を右に向けます。

④ ♪だって

両手を右から左へ向けます。

⑤ ♪わらいあり

両手を顔の横でヒラヒラさせます。

⑥ ♪なみだあり

片手ずつ胸の前で組みます。

⑦ ♪みんな　それぞれ　たすけあう

1回手を打ち、隣の子とハイタッチしながら片足を後ろに曲げます。これを2回繰り返します。

⑧ ♪ちいさな

両手を広げ少しずつ上に上げます。

⑨ ♪せかい

頭の上で小さな輪を作ります。

⑩ ♪せかいは　せまい

全員で一列になって手をつなぎます。

⑪ ♪せかいは　おなじ

つないだ手を横に伸ばします。

⑫ ♪せかいは　まるい
ただ　ひとつ

全員で輪になって回ります。

⑬ ♪せかいじゅう　だれだって
ほほえめば　なかよしさ
みんな　わになり　てをつなごう
ちいさな　せかい
ラ〜ララ〜ラ〜　ラ〜ララ〜
ラ〜ララ〜ラ〜　ラ〜ララ〜
ラ〜ララ〜ラ〜　ラ〜ララ〜

①〜⑫を繰り返します。

⑭ ♪ちいさな　せかい

全員で一列になり、つないだ手を上に上げ、右足のかかとを立てます。

第1幕

●舞台中央にお城のセット。
●王様とお姫様が後ろに立ち、
ポップとタップが「小さな世界」を「ルルル」でうたいながら
登場。

歌　「小さな世界」

♪ルルルールールー　ルルルールールー
ルルルールールー　ルルルールールー
ルルルールルルー　ルルルールルルー
ルルルルルルルルー

ナレーター　あるところに、ポップとタップという、
２人の子どもがいました。

ポップ　わたし、ポップ！　歌が大好きなの！

タップ　ぼくはタップ！　歌が大好きなんだ！

ナレーター　２人の国には、よく笑う、かわいいお姫様がいました。

●お姫様と王様がお城からにこにこ手を振り、ポップたちも振り返します。

お姫様　ポップ、タップ、ごきげんいかが！

ポップ・タップ　王様、お姫様、こんにちは！

●森の国の子どもたちが、
あやしい風の布を持って舞台をさーっと走り過ぎ、
魔法使いが登場。
「ダダダダーン」と、不気味な音でピアノを弾くと効果的です。

ナレーター　ところがある日のこと、あやしい風がごごごーっと、
吹いてきたかと思うと、悪い魔法使いが現れたのです。

堂々とした雰囲気で魔法使いが登場します。ポップ、タップ、王様、お姫様は、びっくりした表情で見つめます。

魔法使い　わたしは、笑顔が大嫌いなのだ！
姫が、二度と笑わない魔法をかけてやる。
ドーラ　ミーラ　ファー！

●魔法使いはステッキを振り、
お姫様はあやしい風の布をかぶって顔を手で覆います。

お姫様はあやしい風の布をかぶって座り込みます。王様は驚いたしぐさをします。

王様　おお、なんということだ！
姫が笑わなくなってしまった！

魔法使い　魔法をといてほしかったら、
よく聞くがよい！

ナレーター　魔法使いは、
「火の国と氷の国を通って、
森の国の魔法の扉を開けられた者がいたら、
魔法をといてあげよう」
と言ったのです。

魔法使い　だが、そんな勇気のある者は、いないだろうな。
はははははー！

●魔法使いは笑い声とともに退場し、
ポップとタップが前へ進み出ます。

ポップ　王様、わたしたちが森の国へ行きます！

タップ　必ず、魔法をといてもらいます！

王様　だが、火の国と氷の国を通って行くのだぞ。
きっと、危ないに違いない。

ポップ　わたしたち、勇気を出してがんばります！

タップ　さあ、冒険に出発！

●ポップとタップは「小さな世界」を
「ラララ」でうたいながら、退場します。
●王様とお姫様は、お城のセットとともに退場します。

歌　「小さな世界」

♪ラララーラーラー　ラララーラーラー
ラララーラーラー　ラララーラーラー
ラララーラララー　ラララーラララー
ラララララララー

ポップとタップは片手を高く上げて「出発！」と言ったあと、歌をうたいながら舞台袖へ。

第2幕

●ポップとタップが登場すると、火の国の子ども（以下、火の子）たちが飛び出して来て「パチパチ　ゴウゴウ！」とせりふを言いながら、二人の周りを回ります。
このとき、太鼓を低く「ドロドロ」と鳴らしてもよいでしょう。

ナレーター　ポップとタップは旅をして、
火の国へやって来ました。

ポップ　タップ、なんだか暑くなってきたわ。

タップ　ポップ、ここは、どこだろう？

火の子①②③　パチパチ　ゴウゴウ！
パチパチ　ゴウゴウ！
ここは火の国、火よ、高く燃え上がれ！

●火の子たちは横に並んで、
ポップとタップを通せんぼします。

火の子①　待て、お前たちは誰だ？

ポップ　ポップとタップです。

火の子②　どこへ行くのだ？

タップ　森の国の魔法の扉の所です。

火の子③　だめだめ、ここは、通さないぞ。

火の子①②③　さあ、帰るのだ！
パチパチ　ゴウゴウ！

ポップ　どうしよう…。
困ったときや元気が出ないときは…。

タップ　そうだ！　大好きな歌をうたおうよ！

火の子たちは「パチパチ　ゴウゴウ！」と言いながら、ポップとタップの周りを回ります。

火の子たちはポップとタップの前に立ちはだかり、通せんぼをします。

●ポップとタップが「小さな世界」の１番のＡをうたい、
火の子①②③がせりふのあとにＢをうたい出します。

歌 「小さな世界」

ポップ・タップ ♪せかいじゅう　どこだって
わらいあり　なみだあり
みんなそれぞれ　たすけあう
ちいさなせかい

火の子① あれ、その歌なら知っているよ。

火の子② うたってみようか。

火の子③ 確かこうだよね、１、２の３！

歌 「小さな世界」

火の子①②③ ♪せかいは　せまい
せかいは　おなじ

ポップ・タップ せかいは　まるい
ただひとつ

●ポップとタップも 14 小節目の「せかいは　まるい」から合唱し、
うたいながら手をつないでいきます。
●うたい終わったら火の子たちは、
ポップとタップを通します。

火の子①②③ みんな友達だね。さあ通っていいよ。

ポップ・タップ 火の国のみんな、ありがとう！

●ポップとタップは一度舞台の袖に退場。
●火の子たちが退場したら、
ポップとタップは、再度登場します。

ナレーター ポップとタップは、旅を続け、
氷の国へやって来ました。

ポップ ブルブル、寒くなってきたわ。

タップ あっちこっち、氷でいっぱいだよ。

●氷の国の子ども（以下、氷の子）たちが飛び出して来て、
ポップたちの周りを回ります。
●このとき、雪の結晶を振って鈴を鳴らします。

ポップとタップが歌をうたい出すと、火の子たちは少し驚いた表情をします。

火の子たちがポップとタップを笑顔で見送ります。

氷の子が雪の結晶を振って鈴を鳴らしながら登場します。

氷の子①②③　ピュルルルル　カッチン　ピュルルルル　カッチン
ここは氷の国。氷よ、キラキラ輝け！

氷の子①　待て、お前たちは誰だ？

ポップ　ポップとタップです。

氷の子②　どこへ行くのだ？

タップ　森の国の、魔法の扉の所です。

氷の子③　だめだめ、ここは通さないぞ。

●氷の子たちは横に並んで、
ポップとタップを通せんぼします。

ポップとタップは、寒そうに震えます。

氷の子①②③　さあ、帰るのだ。ピュルルルルルー！

ポップ　うう〜、寒いよお！
でも、お姫様を助けなくちゃ！

タップ　ポップ、凍えないように、うたおうよ！

●ポップとタップが「小さな世界」の２番のＡをうたい、
氷の子①②③がせりふのあとにＢをうたい出します。

歌　「小さな世界」

ポップ・タップ
♪せかいじゅう　だれだって
ほほえめば　なかよしさ
みんなわになり　てをつなごう
ちいさなせかい

氷の子①　あれ、その歌なら知っているよ。

氷の子②　うたってみようか。

氷の子③　確かこうだよね、１、２の３！

歌　「小さな世界」

氷の子①②③
♪ラーララーラー　ラーラーラー
ラーララーラー　ラーラーラー

ポップ・タップ
ラーララーラー　ラーラーラー
ちいさなせかい

氷の子たちは、楽しそうに「1、2の３！」
と言うと、みんなでうたい始めます。

●ポップとタップも 14 小節目の「ラーララーラー」から合唱し、
うたいながら手をつないでいきます。

氷の子①②③　みんな友達だね。さあ、通っていいよ。

ポップ・タップ　氷の国のみんな、ありがとう！

●ポップとタップは舞台の袖に退場し、
氷の子たちも退場します。

氷の子たちが道を譲り、ポップとタップに手を振って見送ります。
ポップとタップは舞台袖へ。

●森の扉を出し、後ろに魔法使いが隠れます。
●ポップとタップが登場。
扉を押すが開かず、困った様子。

ナレーター　ポップとタップは、とうとう森の国に着きました。
でも、魔法の扉は閉まっています。

●森の国の子ども（以下、森の子）たちが飛び出して来て、
ポップとタップの周りを回ります。

森の子①②③　ルララ　サワサワ　ルララ　サワサワ
ここは、森の国、魔法使いの国さ。

森の子①　お前たちは、誰だ？

ポップ　ポップとタップです。

森の子②　なにをしに来たのだ？

タップ　この扉を開けたいの！

森の子③　扉を開ける鍵がないと、
ここは通さないよ。

ポップ・タップ　鍵なんか、持っていません。

森の子①②③　鍵がないなら帰るのだ。
ルララ　サワサワ。

魔法の扉の前で、ポップとタップは扉を開けようとします。

タップ　せっかくここまで来たのに…、
悲しくなってきたよ。

ポップ　タップ、悲しいときには…

タップ　そうだ、うたおうよ。

●ポップとタップが「小さな世界」の１番のＡを
うたい始めると、
５小節目の「みんな」から森の子たちも加わり、
Ａをうたいます。
そして、森の子たちは扉を開けます。

歌　「小さな世界」

ポップ・タップ　♪せかいじゅう　どこだって
わらいあり　なみだあり

森の子①②③　みんなそれぞれ　たすけあう
ちいさなせかい

森の子たちは、扉の後ろに回って扉を開けます。

森の子①②③　やったね！
扉を開ける鍵は、歌だったんだよ！

●黒いマントで体を覆った「よいとき」の
魔法使いが登場します。

ナレーター　魔法の扉が開くと、
あの魔法使いが現れました。

●魔法使いは「ありがとう」のせりふに合わせて
パッと黒いマントを脱ぎ捨てます。

魔法使い　ポップ、タップ、
よくここまで来てくれましたね。
ありがとう！
わたしは、勇気のある子どもを待っていたのです。

森の子① 勇気のある子どもが、
この森まで来れば…。

森の子② 悪い魔法使いは…。

森の子③ よい魔法使いに変われるのです。

ポップ・タップ わあい、よい魔法使いになれたんだね！

魔法使い ポップとタップのおかげですよ。
これからは、みんなを幸せにする
魔法を使います。
さあ、魔法の雲よ、出てこい！
ドーラ　ミーラ　ファー！

魔法使いの周りを、ポップとタップが大喜びで回ります。

ナレーター みんなは、雲に乗って、
お城のそばへひとっ飛び。

●ポップとタップと魔法使いは、
雲を持って、舞台を飛ぶように動きます。
●森の子たちは扉を下げて退場し、
お城のセットとお姫様、王様を登場させます。

魔法使いを先頭に、ポップとタップが雲を持って舞台を動き回ります。

ナレーター 魔法使いとポップとタップは、空を飛んで、
お城へ着きました。

ポップ・タップ 王様、お姫様！　ただいま！

王様 おお、ポップとタップ。
無事に帰ってこられて、よかった！

魔法使い お姫様、
ひどい魔法をかけてごめんなさい、
今、魔法をときます。
ドーラ　ミーラ　ファー！

●お姫様は呪文に合わせて、
かぶっていたあやしい風の布を脱ぎ、
にこにこと手を振ります。

お姫様 ポップ、タップ、ありがとう！

お姫様は、あやしい風の布を脱ぎ、ポップとタップに向かって笑顔で手を振ります。

王様　おお、姫が笑った！
でも、ポップとタップよ、
どうやって魔法の扉に
たどり着けたのじゃ？

ポップ　王様、それはね、歌のおかげなのです。

タップ　さあ、みんなでうたいましょう。

●全員が舞台に登場し、並びます。
●「小さな世界」をみんなで
うたって踊ります。

歌　「小さな世界」

♪せかいじゅう　どこだって
わらいあり　なみだあり
みんなそれぞれ　たすけあう
ちいさなせかい

せかいは　せまい
せかいは　おなじ
せかいは　まるい
ただひとつ

♪せかいじゅう　だれだって
ほほえめば　なかよしさ
みんなわになり　てをつなごう
ちいさなせかい

ラーララーラー　ラーラーラー
ラーララーラー　ラーラーラー
ラーララーラー　ラーラーラー
ちいさなせかい

おしまい

「小さな世界」

作曲／リチャード・シャーマン
ロバート・シャーマン
日本語詞／若谷和子

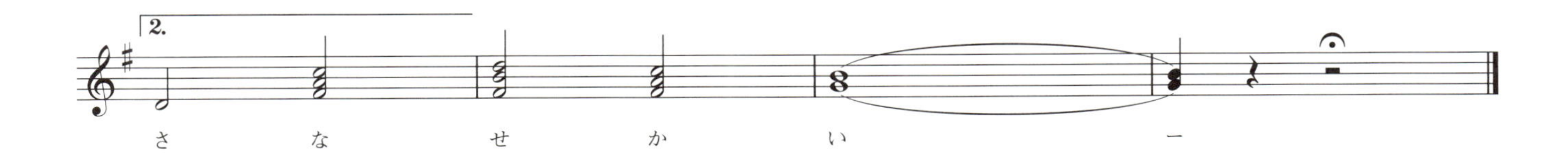

※シナリオに合わせて２番までの楽譜にしています。

4 歳児

999ひきのきょうだい

クラスの人数に関係なく、全員が楽しく演じることができるお話です。へびの衣装の尾を長くしてユニークな動きができるようにすると、さらに盛り上がります。

案・脚本●木村　研　　イラスト●いわいざこまゆ

配役

お父さん

お母さん

お兄ちゃん

（おたまじゃくしの上から、かえるの衣装をかぶるようにして着用）

弟たち

（おたまじゃくしの上から、かえるの衣装をかぶるようにして着用）

へび

コスチューム

製作例　14～15ページ
作り方　97ページ

大道具

たまご

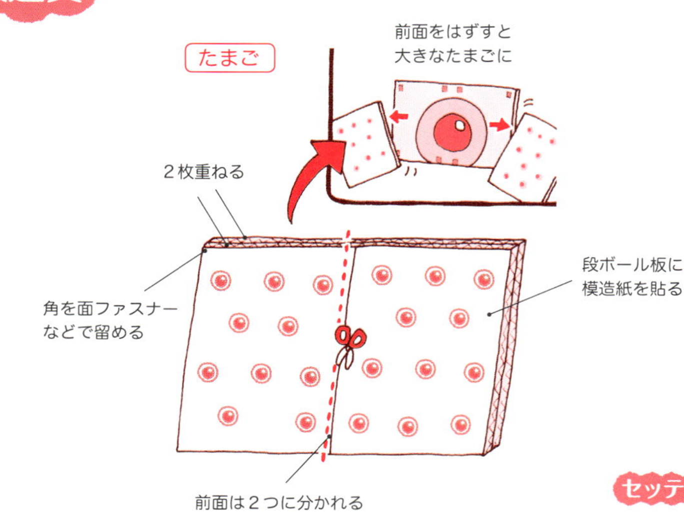

草

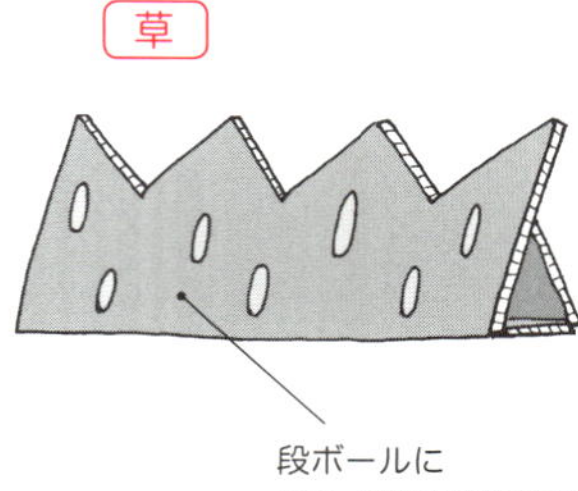

セッティング 舞台中央にたまごのセットを置き、両端から、間隔を空けて草を数個置きます。たまごのセットの後ろに、お兄ちゃん役のおたまじゃくしが隠れます。

第1幕

ナレーター　春です。
かえるのお母さんが、
999 ひきのたまごを産みました。

●かえるのお父さんとお母さんが登場し、
たまごの前に立ちます。

お父さん　みんな、大きくなるんだぞ。

お母さん　元気なおたまじゃくしになるんですよ。

●前面のたまごをはずし、
大きなたまごを出します。

ナレーター　田んぼの水がぬるんだ頃、
たまごから、おたまじゃくしが生まれました。

●弟たちは、体に手をピッタリとつけ、
しゃがんで歩き回りながら登場。
舞台には、
大きなたまごが一つだけ残っています。

舞台袖から、弟たちがおたまじゃくしになって登場。手を体につけ、しゃがんだ状態で舞台を歩き回ります。

弟たち　わー、たまごの外は気持ちいいね。

弟たち　おたまじゃくしになったんだ。

弟たち　うれしいな、うれしいな。

●たまごのセットの後ろから、
お兄ちゃんが寝息をたてます。

お兄ちゃん　ぐー、すー、ぴー。

お父さん　おや？　たまごのままで、
まだ眠っている子がいるぞ。

お母さん　ほんと。
これは、一番先に産んだお兄ちゃんだわ。

弟たち　寝ぼすけなお兄ちゃんだなあ。

お父さんとお母さんは、心配そうにたまごを見ています。

ナレーター　しばらくすると、弟たちには、
足が生えてきました。

弟たち　わーい。足だ、足だ。

弟たち　足が生えたぞ。

●弟たちは立ち上がり、
うれしそうに走り回ります。

ナレーター　弟たちには、手も生えてきました。

●弟たちは、手を振り回しながら、
舞台を駆け回ります。

ナレーター　お父さんとお母さんは、
お兄ちゃんたまごを見守ります。
お兄ちゃんは、再び寝息をたてます。

お兄ちゃん　ぐー、すー、ぴー。

お父さん　いつまで寝てるんだ。

みんなで　おーい、起きて～！

●大きなたまごの後ろから、
おたまじゃくし姿のお兄ちゃんが
手足を体につけて、転がり出るように飛び出します。

お兄ちゃん　…？（寝ぼけている表情）

弟たち　わーい。お兄ちゃんだ。
寝ぼすけお兄ちゃんだ。

弟たち　お兄ちゃんって、大きいね。

弟たち　お兄ちゃん、いっしょに遊ぼうよ。

ナレーター　999 ひきのきょうだいは、大騒ぎです。

たまごのセットの後ろから、転がり出るようにしてお兄ちゃんが舞台中央に登場。

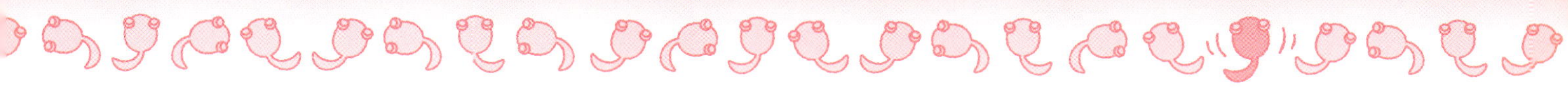

第2幕

●お兄ちゃんと弟たちは、
ぐるぐる走り回りながら、少しずつ舞台袖へ。
●お父さんとお母さんだけが残り、
「かえるのうた」をうたいます。
●たまごのセットを舞台袖へ下げます。
●この間に、弟たちは、かえるの衣装をかぶります。

ナレーター　ある日のことです。へびがやって来ました。

●へびが、上手から舞台を横切るように登場。

へび　おなかがすいたなあ。
なにか食べる物はないかなあ？
おたまじゃくしやかえるなら、
いいんだけどなあ。

●へびは、キョロキョロしながら、
下手の幕の中に入ります。
このとき、
長い尾まで入りきるよう注意します。

へびが体をくねらせながら、舞台上手から
舞台下手へ練り歩きます。

ナレーター　そのことを知らない999ひきのきょうだいは、
きょうも元気に遊んでいます。

お兄ちゃん　もういいかーい？

弟たち　まーだだよ。

●お兄ちゃんは舞台袖で声をかけ、
弟たちは、走って舞台に飛び出してきて、
隠れる場所を捜します。

お兄ちゃん　もういいかーい？

弟たち　まーだだよ。

●弟たちは、草の中に隠れます。

弟たち　もういいよー。

●お兄ちゃんが、キョロキョロしながら登場。
へびは、舞台下手から、
そっと草の後ろに隠れます。

お兄ちゃん　みんなは、どこだろう？
どこに　隠れたのかな？

●お兄ちゃんが首をかしげたとき、
へびが隠れている草を左右に揺らします。

お兄ちゃん　あっ！　みーつけた。

●お兄ちゃんが、草の中をのぞくと、
草がパタンと倒れてへびが現れます。

お兄ちゃんは、草の中をのぞくしぐさをし、
草を倒してへびが登場します。

へび　うまそうな、おたまじゃくしだ。
食べてやる！

お兄ちゃん　うわー。へびだー。助けてー。

●へびとお兄ちゃんが
追いかけっこをしながら舞台下手へ。
●弟たちは、草の後ろへ隠れ、
顔を出して見ています。

ナレーター　お兄ちゃんは、大慌てで逃げ、
へびも後を追いかけて行きます。

弟たち　たいへんだ。
お兄ちゃんを助けよう！

ナレーター　998 ひきの弟たちは、お兄ちゃんを助けようと、
へびの尾をつかんで綱引きのように引っ張りました。

●弟たちは、舞台下手へ移動し、
へびの尾をつかんで引っ張ります。

弟たち　こら、へびめ、お兄ちゃんを離せ。

弟たち　みんなで引っ張れ、オーエス、オーエス。

へびが、尾を引っ張られながら登場。

へび	じゃまをすると、 おまえたちから食べてしまうぞ。

●へびに、尾を振り回して、
弟たちを弾き飛ばします。
●弟たちは弾き飛ばされて尻餅をつきます。
●へびは再び舞台下手へ下がります。

弟たち	ああ、お兄ちゃんが、食べられちゃうよー。
ナレーター	お兄ちゃんは、へびに食べられて しまったのでしょうか…？ でも、そのとき声が聞こえてきました。
へび	ぐぇー。苦しい〜。 た、た、助けてー。

●舞台袖で保育者がへびの尾を結び、
再び、へびは舞台へ。
そして、上手の幕の中に逃げていきます。

へびは、尾を結ばれて、舞台下手から登場します。

弟たち	わーい。お兄ちゃんが、へびをやっつけたぞ。
弟たち	すごいね。すごいね。

●弟たちがお兄ちゃんを囲んで、ばんざいをします。
●全員で舞台袖へ下がります。

ナレーター	お兄ちゃんがやっつけたへびは、 二度と田んぼにやって来ませんでした。 それから何日かたって、 お兄ちゃんも、立派なかえるになりました。

●かえるになったお兄ちゃんが登場。
そのあとから、みんなも舞台へ登場します。
「かえるのうた」などの歌をみんなで合唱します。

おしまい

4歳児 さるじぞう

ユニークな歌と振り付けが楽しいお話です。さる役を多めに設定し、華やかさを演出しましょう。小道具を子どもたちといっしょに作ると、舞台への期待感がさらに高まります。

案・脚本 ● 山本和子　イラスト ● いわいざこまゆ、みやれいこ

配役

おじいさん

おばあさん

よくばりじいさん

よくばりばあさん

さる（①②③④）

大道具

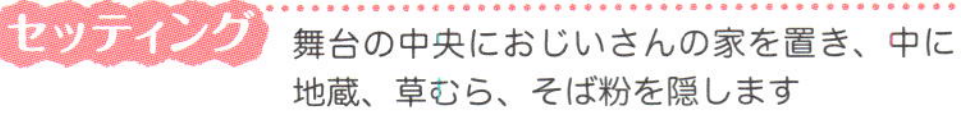

セッティング 舞台の中央におじいさんの家を置き、中に地蔵、草むら、そば粉を隠します

おじいさんの家

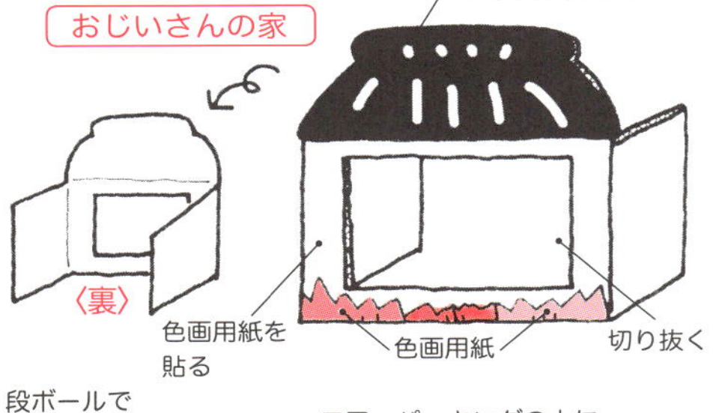

山

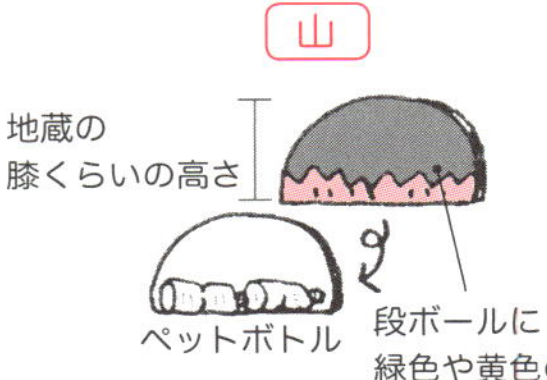

お地蔵様

段ボール板に灰色の色画用紙を貼る
切り抜く
赤い不織布
〈裏〉

川

段ボールで補強
エアーパッキングの上に青いスズランテープを貼る
40～50cm

草むら

段ボールに緑色の色画用紙を貼る

コスチューム

製作例　16～17ページ
作り方　98ページ

小道具

だいこん

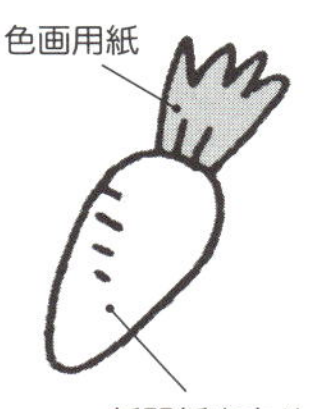

おいも

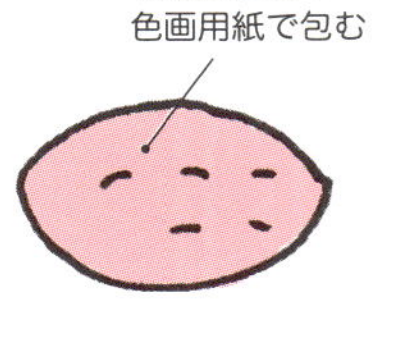

そばの粉と袋

白いモール
白いスズランテープ
きんちゃく袋
折り紙シール

お供え物（宝物）

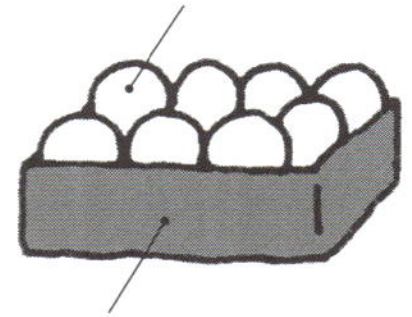

お供え物（ごちそう）

●おじいさんとおばあさんが、
家の中に座って向かい合っています。

ナレーター　あるところに、優しいおじいさんとおばあさんがいました。
２人は山のさるたちに畑を荒らされて、
とても困っていました。

さる①②③④　うきゃっきゃ！　いただき、いただき。山へ持って行こう。

●おいもやだいこんを持ったさるたちが、
舞台を元気に横切っていきます。

おじいさん　おばあさんや、どうしたらいいかなあ？

おばあさん　おじいさんや、お地蔵様に化けて立っていれば、
さるたちもおとなしくなるかもしれませんよ。

おじいさん　それはいいぞ。やってみよう！

●２人は「やってみよう！」で右手をつき上げます。
●おじいさんの家を舞台の袖に下げて、草むらを起こします。

ナレーター　おじいさんは畑にやって来ました。
そして、頭の上からおそばの粉をぱらぱらぱら～。

●おじいさんはナレーターのセリフにあわせて、
そば粉の袋からそば粉を取り出し、頭の上で振ります。
●黒子はタイミングよく、
草むらの陰からお地蔵様を出します。
●おじいさんはお地蔵様の切り抜きから顔を出して立ちます。

そば粉の袋からそば粉を取り出し、頭の上で振ります。

おじいさん　うふふ、お地蔵様に見えるかな。

ナレーター　そこへ、さるたちがやって来ました。

さる①　あれ？　こんな所にお地蔵様が立っているぞ。

さる②　りっぱなお地蔵様だなあ。

さる③　ここに置いておくのは、もったいない。

さる④　そうだ、山へ運んで行こう！

さる①②③④　うきゃきゃっ、そうしよう！

●さる①②③④はお地蔵様を横にして担ぎ、
その場でかけ声に合わせて足踏みをします。
●おじいさんは切り抜きから顔を出したまま、
さるたちの後ろに体を隠し、いっしょに足踏みします。

ナレーター　さるたちはおじいさんを担いで、運び始めました。

さる①②③④　ほいやさ、ほいやさ、
ほいやさ、ほいやさ。

●黒子が川を出して動かします。
●さる①②③④はうたいながら川を渡る動作をします。

ナレーター　山のそばにくると、川がありました。
さるたちは、うたいながら川を渡り始めました。

黒子が川を動かし、さるたちが渡る動作をします。

歌　「おさるのうた」

♪さるの　おしりは　ぬらしても
じぞうの　おしりは　ぬらすなよ
ほい（２回繰り返し）

ナレーター　おじいさんは、おかしくておかしくてたまりません。
でも、笑わないよう、じっと我慢していました。

●黒子が山を出して後ろ側にお地蔵様を立て、
おじいさんが顔を出します。

さる①②③④　うきゃ、お地蔵様にお供え物をしよう。

●さる①②③④はお供え物を持って来て、
お地蔵様の前に置きます。
拝むしぐさをしてから、舞台の袖に下がります。

ナレーター　さるたちは、ごちそうや宝物をお地蔵様にお供えして、
どこかへ行ってしまいました。

おじいさん　これはありがたい！　家に持って帰ろう。

さるたちは、お地蔵様の前にお供え物を置きます。

第3幕

●山を下げ、お地蔵様を平らにして置きます。
●おじいさんの家を出して、
おばあさんは中に座ります。
●おじいさんはお供え物を抱えて、家に入っていき、
おばあさんと話をします。

●よくばりじいさんとよくばりばあさんが登場して、
おじいさんの家に近寄り、
話をこっそり聞くしぐさをします。

よくばりじいさんとよくばりばあさんが
登場し、
家のそばでこっそり聞くしぐさをします。

おじいさん　おばあさん、ただいま。

おばあさん　まあ、おじいさん！
そのごちそうや宝物は、いったい、どうしたのですか？

ナレーター　おじいさんはおばあさんに、
今までのことを話して聞かせました。
その話をこっそり聞いていたのが、
隣のよくばりなおじいさんとおばあさんです。

よくばりじいさん　これは、いいことを聞いたぞ。

よくばりばあさん　おじいさん、お地蔵様に化けて、
さるのお供え物を、取って来てくださいな。

●おじいさんの家を下げ、草むらを起こします。
●よくばりじいさんは、そば粉をかけて地蔵になり、
立っています。

ナレーター　よくばりなおじいさんはさっそくまねをして、
お地蔵様に化けました。
するとまた、さるたちがやって来て…。

さる①　うきゃっ、お地蔵だ！

さる②　どこへ行ったのかと思ったら、

さる③　畑に戻っていたんだね。

さる④　また山に運ぼうよ。

さる①②③④　うきゃきゃっ、そうしよう！

さるたちがお地蔵様に近づきます。

●再びさる①②③④がお地蔵様を運ぶ動作をしながら足踏み。
●ナレーターのせりふに合わせて黒子が川を出します。

さる①②③④　ほいやさ、ほいやさ、ほいやさ、ほいやさ！

ナレーター　さるたちはよくばりなおじいさんを運んで、
川のそばに来ると、うたいながら渡り始めました。

歌　「おさるのうた」

♪さるの　おしりは　ぬらしても
じぞうの　おしりは　ぬらすなよ　ほい！（２回繰り返し）

ナレーター　よくばりなおじいさんは、おかしくてたまりません。
そしてとうとう…

よくばりじいさん　ぷっはっはっはっは！

さる①　うきゃっ、お地蔵様が笑ったぞ。

さる②　石のお地蔵様が、笑うはずないよ。

さる③　きっとお地蔵様の化け物だ！

さる④　よし、放り出そう！

さる①②③④　１、２の、うきゃー！

よくばりじいさん　わあ、助けてくれー！

さるたちは、よくばりじいさんを放り出すしぐさをします。

●さる①②③④はせりふに合わせてお地蔵様を放り出すように、
平らにして置きます。
●よくばりじいさんは尻もちをついて、手足をバタバタさせます。
●川とお地蔵様をすばやく下げます。
●さるたちとよくばりじいさんも一度舞台の袖に下がってから、
出演者全員が登場し、みんなでうたい、踊ります。

ナレーター　こうしてよくばりなおじいさんは、
さるのお供え物を一つももらえなかったんですって。
さるじぞうのお話は、これでおしまい。

歌　「おさるのうた」

♪さるの　おしりは　ぬらしても
じぞうの　おしりは　ぬらすなよ　ほい！（２回繰り返し）

●２回目の「ほい！」を「うきゃ！」に変えて、
フィナーレのポーズをとります。

♪「おさるのうた」

振り付け

振り付け／山本和子

① ♪ さるの

右足を前に出し、かかとを立てます。

② ♪ おしりは

出した足を戻しましょう。

③ ♪ ぬらして

左足を前に出し、かかとを立てます。

④ ♪ も

出した足を戻しましょう。

⑤ ♪ じぞうの

再び右足を前に出して、かかとを立てます。

⑥ ♪ おしりは

出した足を戻します。

⑦ ♪ ぬらすな

左足を前に出して、かかとを立てます。

⑧ ♪ よ

出した足を戻しましょう。

⑨ ♪ ほい！

右手を頭の上に、左手を胸の前で曲げて、さるのポーズをします。

フィナーレのポーズ

右手を頭の上に、左手を胸の前で曲げながら、片足も曲げてさるのポーズをしましょう。

作詞・作曲／山本和子

4 歳児

おもちゃの国の物語

カスタネットやタンバリン、鈴などの楽器を使ったリズムのやりとりが楽しい物語です。クラスをおもちゃと魔法使いに分けて演じると、全員で楽しむことができます。

案・脚本 ● 浅野ななみ　イラスト ● 常永美弥

配役

おもちゃ

（お面には、子どもたちがなりたいおもちゃの絵を描きます）

魔法使い

後ろ

（後ろはリボンで結ぶタイプです）

コスチューム

製作例 18ページ
作り方 99ページ

小道具

楽器の箱

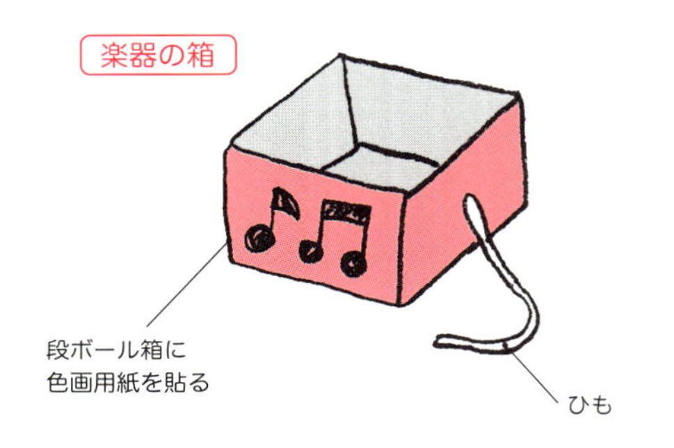

楽器

●舞台の隅に、楽器の箱を置きます。

ナレーター　ここはおもちゃの国です。
もうすぐおもちゃの国のお祭りです。
おもちゃたちは今から楽器の練習を始めるところです。

●「おもちゃのチャチャチャ」の１、２番をうたいながら、
おもちゃたちが登場します。

歌　「おもちゃのチャチャチャ」

♪おもちゃのチャチャチャ　おもちゃのチャチャチャ
チャチャチャ　おもちゃのチャチャチャ
そらに　キラキラ　おほしさま
みんな　すやすや　ねむるころ
おもちゃは　はこを　とびだして
おどる　おもちゃの　チャチャチャ

♪おもちゃのチャチャチャ　おもちゃのチャチャチャ
チャチャチャ　おもちゃのチャチャチャ
なまりの　へいたい　トテチテタ
ラッパ　ならして　こんばんは
フランスにんぎょう　すてきでしょ
はなの　ドレスで　チャチャチャ

おもちゃたち　よいしょ、よいしょ。

●楽器の箱をみんなで舞台中央に運びます。

おもちゃたちは、みんなで楽器の箱を舞台中央に運びます。

おもちゃ①　みんなで楽器の練習をしよう。

おもちゃたち　さあ、始めよう。

ナレーター　そこへ、魔法使いの子どもたちがやって来ました。

●舞台袖から、魔法使いたちが登場します。

おもちゃたち　キャー、魔法使いだ！

●おもちゃたちは、おびえたように隅に固まって座ります。

魔法使い① なにかいい物があるぞ！

魔法使い② もらっていこう！

●魔法使いが楽器の箱をとろうとします。

おもちゃたち 取らないで～！

魔法使い③ よーし、魔法をかけて眠らせよう。

魔法使いたち グルグルグルリン、グースカピー！

●魔法使いたちがステッキを振って、
おもちゃたちに魔法をかけるしぐさをし、
楽器の箱を取り上げます。

おもちゃたち 待て～！ アフアフほわわ～ん。

●おもちゃたちは立ち上がって
追いかけようとしますが眠くなり、
あくびをしながら倒れて眠ってしまいます。

魔法使い① 魔法がかかったぞ。

魔法使い② うまくいったね。

魔法使い③ 急いで運ぼう。

●魔法使いたちは、楽器の箱を運んで退場します。

第2幕

おもちゃ① ファ～。眠っちゃった。

おもちゃ② 起きて起きて！

●おもちゃ①②は周りの子を揺り起こします。

おもちゃ③ あれ？ 楽器がない！

おもちゃ④ 魔法使いが持って行っちゃったんだ。

おもちゃ⑤ 取り返しに行こう！

おもちゃたち 行こう、行こう！

●おもちゃたちは、全員立ち上がって退場します。

魔法使いたちは、おもちゃたちが持っている楽器の箱を取り上げて持って行こうとします。おもちゃたちは、おびえながら楽器の箱を取り返そうとします。

魔法使いたちは、おもちゃたちに向かってステッキをクルクルと振り回します。おもちゃたちは、あくびをしてその場に横になります。

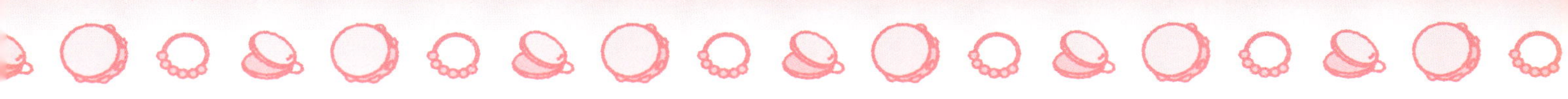

ナレーター　ここは魔法使いの家です。

●舞台袖から、
楽器の箱を持った魔法使いたちが登場します。

魔法使い①　見て見て、これはなんだ？

●楽器を取り出します。

魔法使い②　おもしろい音がする。

●楽器を鳴らします。

魔法使い③　これは、こんな音だよ。

●いろいろな楽器を鳴らします。

魔法使いたちは、興味深げに楽器を手に取り、鳴らします。

ナレーター　そこへおもちゃたちがやって来ました。

●舞台袖からおもちゃたちが、
足音をしのばせながら登場します。

おもちゃ①　シィー！

●辺りを見回します。

おもちゃ②　楽器の音が聞こえる！

●魔法使いたちが楽器を鳴らして音を出します。

おもちゃ③　うるさい音だね。

●おもちゃたちは魔法使いのそばへ進みます。

ナレーター　おもちゃたちは魔法使いに向かって言いました。

おもちゃたち　みんなの楽器を返して～！

魔法使いたち　嫌だよ～！

●このやりとりを数回繰り返しましょう。

おもちゃ④　でも、そんなにガチャガチャ鳴らしたら壊れちゃうよ。

魔法使い①　だって、鳴らし方がわからないんだもん。

おもちゃ⑤　それじゃあ、教えてあげようか。

魔法使い②　教えてもらわなくても平気だ〜い！

●魔法使いたちは楽器をめちゃくちゃに鳴らします。

おもちゃたち　うるさ〜い！

●おもちゃたちは耳をふさぎます。

魔法使いたちは、一斉に楽器を鳴らし、おもちゃたちはうるさそうに耳を塞ぎます。

おもちゃ①　もっといい音が出るよ。

おもちゃ②　まねっこできる？

魔法使い③　できるさ！

おもちゃ③　じゃあ、やってみよう！

おもちゃたち　♪タン タン タン

魔法使いたち　♪タン タン タン

おもちゃたち　♪タン ウン タン（ウン＝休符）

魔法使いたち　♪タン ウン タン

●おもちゃたちは手拍子でリズムをとり、
続いて魔法使いたちがタンバリン、鈴などをたたいて
同じようにリズムをとります。

おもちゃたちが手拍子でリズムをとったあと、魔法使いが楽器を使って同じようにリズムをとります。

おもちゃたち　♪タタタン、タタタン、タン タン タン

魔法使いたち　♪タタタン、タタタン、タン タン タン

おもちゃ④⑤　すごい！　上手！
これなら、おもちゃのお祭りに出られるよ。

魔法使いたち　ほんと？

おもちゃ全員　いっしょに出ようよ。

魔法使いたち　わ〜い！　うれしいな！

●全員が退場します。

全員で、跳びはねながら喜びます。

第3幕

ナレーター　きょうはおもちゃのお祭りです。

●全員が「おもちゃのチャチャチャ」の３番をうたいながら
登場します。

ナレーター　おもちゃたちに楽器を教えてもらった
魔法使いたちもいっしょにやって来ましたよ。

歌　「おもちゃのチャチャチャ」

♪おもちゃのチャチャチャ　おもちゃのチャチャチャ
チャチャチャ　おもちゃのチャチャチャ
きょうは　おもちゃの　おまつりだ
みんな　たのしく　うたいましょ
こひつじメエメエ　こねこはニャー
こぶたブースカ　チャチャチャ
おもちゃのチャチャチャ　おもちゃのチャチャチャ
チャチャチャ　おもちゃのチャチャチャ

●全員で「おもちゃのチャチャチャ」の３番をうたって踊り、
楽器を鳴らします。

歌　「おもちゃのチャチャチャ」

♪おもちゃのチャチャチャ　おもちゃのチャチャチャ
チャチャチャ　おもちゃのチャチャチャ
きょうは　おもちゃの　おまつりだ
みんな　たのしく　うたいましょ
こひつじメエメエ　こねこはニャー
こぶたブースカ　チャチャチャ
おもちゃのチャチャチャ　おもちゃのチャチャチャ
チャチャチャ　おもちゃのチャチャチャ

ナレーター　みんな仲よし。
すてきなお祭りになりました。

おしまい

振り付け

♪「おもちゃのチャチャチャ」

振り付け／浅野ななみ

① ♪おもちゃの

左手に楽器を持ち、右手は開いて左右に振ります。

② ♪チャチャチャ

リズムに合わせて楽器を３回鳴らします。

③ ♪おもちゃのチャチャチャ
チャチャチャおもちゃの
チャチャチャ

①②を交互に繰り返します。

④ ♪きょうはおもちゃの
おまつりだ

楽器を振りながらひと回りします。

⑤ ♪みんなたのしく
うたいましょ

④と同様に反対回りをします。

⑥ ♪こひつじメエメエ

両手を開いて右足のかかとを床につけてから、両手を体の横に、足を元の位置に戻します。

⑦ ♪こねこはニャー

左足で⑥と同様にします。

⑧ ♪こぶたブースカ

⑥と同様に。

⑨ ♪チャチャチャ

②と同様に。

⑩ ♪おもちゃのチャチャチャ
おもちゃのチャチャチャ
チャチャチャおもちゃの
チャチャチャ

◯②と同様に踊り、最後は大きい動作で楽器を鳴らします。

作詞／野坂昭如　補作／吉岡 治
作曲／越部信義

3歳児

おべんとうを作りましょ

「幸せなら手をたたこう」のメロディーに合わせて、子どもたちがお弁当のおかずに変身します。最後は、ひとつのお弁当箱に収まって「おべんとうばこのうた」を元気にうたいましょう。

案・脚本 ● 松家まきこ　　イラスト ● 町塚かおり

配役

おにぎり

キャベツ

ハンバーグ

にんじん

さくらんぼ

しいたけ

卵焼き

たこさんウインナー

うさぎりんご

コスチューム

製作例 19～21ページ
作り方 100～102ページ

大道具

キッチンの背景

模造紙

描く

お弁当箱

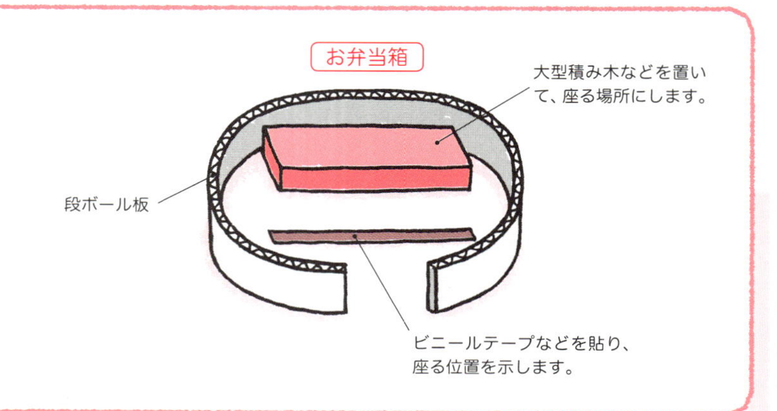

●舞台中央に
キッチンの背景とお弁当箱を設置します。

ナレーター　コケコッコー！　おはよう！
さぁ、おいしいお弁当を作りましょう。
はじめは、おにぎりさ〜ん！

おにぎり　は〜い！

●おにぎりたちは出てきて、
「おいしくできましたの歌」（「幸せなら手をたたこう」の替え歌）を
うたいながら踊ります。

歌　「おいしくできましたの歌」

♪おにぎりつくりましょ　キュッキュー
おにぎりつくりましょ　キュッキュー
みんなで　いっしょに　つくったら
おいしくできました
キュッキュー

リズムに合わせおにぎりを左右に振り、「キュッキュー」でおにぎりをギューッと握るように固めます。

●おにぎりたちはお弁当箱に入ります。

ナレーター　さぁ、次は誰かな？
キャベツさ〜ん。

キャベツ　は〜い！

●キャベツたちが出てきて、
替え歌をうたいながら踊ります。

歌　「おいしくできましたの歌」

♪キャベツをきざみましょ　トントン
キャベツをきざみましょ　トントン
みんなで　いっしょに　つくったら
おいしくできました
トントン

片手を上げて、ひらひらさせながら、その場で１周回ります。

●キャベツたちもお弁当箱に入ります。

ナレーター　さぁ、次は誰かな？
ハンバーグさ～ん！

ハンバーグ　は～い！

●ハンバーグたちが出てきて、
替え歌をうたいながら踊ります。

歌　「おいしくできましたの歌」

♪ハンバーグつくりましょ　コロコロ
ハンバーグつくりましょ　コロコロ
みんなで　いっしょに　つくったら
おいしくできました
コロコロ

●ハンバーグたちもお弁当箱に入ります。

リズムに合わせハンバーグを左右に振り、「コロコロ」でハンバーグを前に出します。

ナレーター　さぁ、次は誰かな？
にんじんさ～ん！

にんじん　は～い！

●にんじんたちが出てきて、
替え歌をうたいながら踊ります。

歌　「おいしくできましたの歌」

♪にんじんおいしいよ　ニッコニコ
にんじんおいしいよ　ニッコニコ
みんなで　いっしょに　ニッコニコ
おいしくできました
ニッコニコ～

●にんじんたちもお弁当箱に入ります。

人さし指を頬に当てて、「ニッコニコ」で右に傾きます。

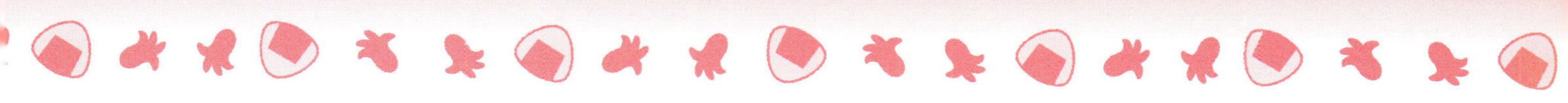

ナレーター　さぁ、次は誰かな？
さくらんぼさ〜ん！

さくらんぼ　は〜い！

●さくらんぼたちが出てきて、
替え歌をうたいながら踊ります。

歌　「おいしくできましたの歌」

♪さくらんぼおいしいよ　ポロンポロン
さくらんぼおいしいよ　ポロンポロン
みんなで　いっしょに　ポロンポロン
おいしくできました
ポロンポロン

●さくらんぼたちもお弁当箱に入ります。

手をパーにして頬に当て「ポロンポロン」で左に傾きます。

ナレーター　さぁ、今度は誰かな？
しいたけさ〜ん！

しいたけ　は〜い！

●しいたけたちが出てきて、
替え歌をうたいながら踊ります。

歌　「おいしくできましたの歌」

♪しいたけおいしいよ　ニョキニョキ
しいたけおいしいよ　ニョキニョキ
みんなで　いっしょに　よいこらしょ
おいしくできました
ニョキニョキ

●しいたけたちもお弁当箱に入ります。

かさに手を当てながら屈伸し、「ニョキニョキ」で背伸びをします。

ナレーター　さぁ、次は
卵焼きさ〜ん！

卵焼き　は〜い！

●卵焼きたちが出てきて、
替え歌をうたいながら踊ります。

歌　「おいしくできましたの歌」

♪たまごやきおいしいよ　フワフワ
たまごやきおいしいよ　フワフワ
みんなで　いっしょに　フワフワ
おいしくできました
フワフワ

●卵焼きたちもお弁当箱に入ります。

リズムに合わせて頭を左右に傾け、「フワフワ」で手を開いて頭の横でひらひらさせます。

ナレーター　さぁ、次は
たこさんウインナーさ〜ん！

たこさんウインナー　は〜い！

●たこさんウインナーたちが出てきて、
替え歌をうたいながら踊ります。

歌　「おいしくできましたの歌」

♪たこさんおいしいよ　クルリン
たこさんおいしいよ　クルリン
みんなで　いっしょに　クルクルリン
おいしくできました
クルリン

●たこさんウインナーたちもお弁当箱に入ります。

お尻をフリフリしてたこの足を揺らし、「クルリン」でその場でひと回りします。

ナレーター　さぁ、最後は？
うさぎりんごさんで～す！

うさぎりんご　は～い！

●うさぎりんごたちが出てきて、
替え歌をうたいながら踊ります。

上半身を左右に揺らして、「シャキッ」でピタッと固まり、気をつけをします。

歌　「おいしくできましたの歌」

♪りんごもおいしいよ　シャキッ
りんごもおいしいよ　シャキッ
みんなで　いっしょに　シャキッ
おいしくできました
シャキッ

●うさぎりんごたちもお弁当箱に入ります。

ナレーター　わあ～
とってもおいしそうなお弁当ができましたね。
それではみなさんごいっしょに。

全員　いただきまーす！

●全員がお弁当箱から出て舞台に並びます。
●全員で「おべんとうばこのうた」（歌詞を替えて）をうたいます。

歌　「おべんとうばこのうた」

♪これっくらいの　おべんとうばこに
おにぎり　おにぎり　ちょっとつめて
きざみキャベツに　ハンバーグのせて
にんじんさん　さくらんぼさん
しいたけさん　たまごやきさん
８ぽんあしのたこさん
ぴょんぴょんうさぎのりんごさん

♪「おべんとうばこのうた」

振り付け／松家まきこ

振り付け

① ♪これっくらいの
おべんとうばこに

両手で2回、四角いお弁当箱を作ります。

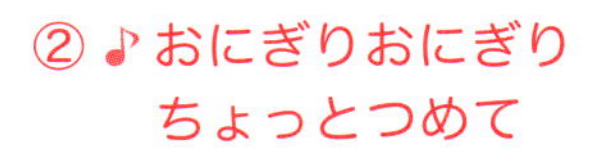

三角形のおにぎりを握るしぐさをします。

③ ♪きざみキャベツに

両手で包丁とまな板を作って刻むしぐさをします。

④ ♪ハンバーグのせて

体の前で大きな輪を作ります。

⑤ ♪にんじんさん
さくらんぼさん

にんじんさんは人さし指を、さくらんぼさんはパーにして頬に当てて、左右に揺れます。

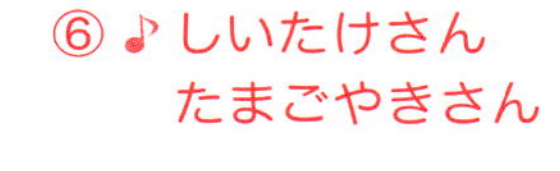

しいたけさんは手をかさの形にし、卵焼きさんはパーにした手を顔の横で揺らします。

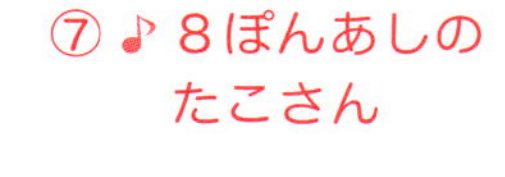

その場でひと回りします。

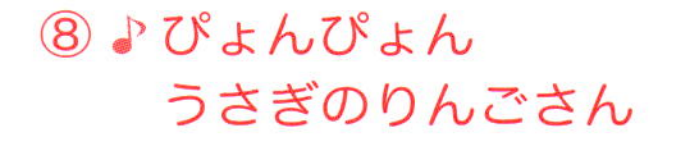

両手を上に伸ばして軽くジャンプします。

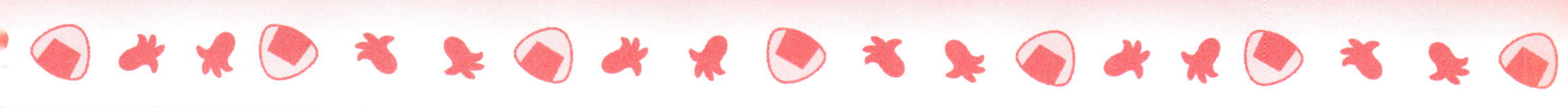

♪「幸せなら手をたたこう」

アメリカ曲

♪「おべんとうばこのうた」

作詞・作曲／不詳

3歳児

おおきなかぶ

繰り返しの動作が楽しい、おなじみのお話です。クラスの人数が多いときには、孫役を増やしてもよいでしょう。１幕２幕の歌の場面では、登場人物だけでなく、舞台袖からみんなでうたっても盛り上がります。

案・脚本●村田さち子　イラスト●坂本直子

配役

おじいさん

おばあさん

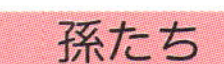

孫たち

いぬ

ねこ

ねずみ

コスチューム
製作例 22 ～ 24 ページ
作り方 103 ページ

大道具

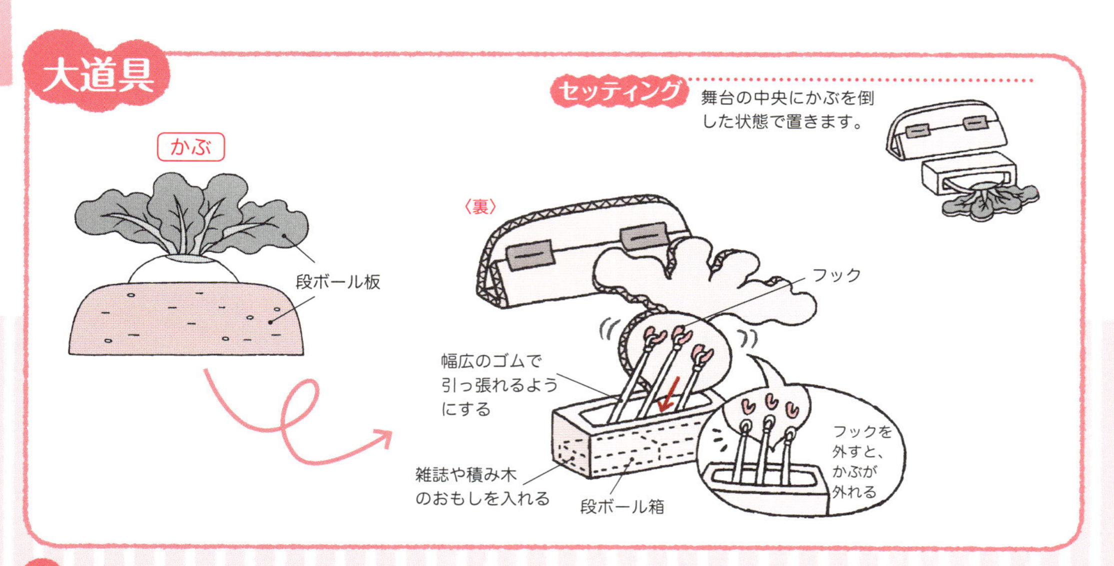

第1幕

ナレーター　ある日、おじいさんが、かぶを植えました。

●おじいさんが登場します。
かぶの周りを何度か興味深そうに歩き、
再び、かぶの前に立ったら、
「おおきくなあれ」の１番 をうたいます。
●黒子が、倒れているかぶを起こします。

舞台中央のかぶの周りを、興味深そうに歩き回ります。

歌　「おおきくなあれ」

♪おおきく　おおきく　なあれ
すくすく　そだって　はやく
あまくて　おおきな　かぶになれ

ナレーター　かぶは、どんどん大きくなったので、
おじいさんは、抜くことにしました。

●かぶの葉っぱを握って、
「まだぬけない」をうたいます。

手を体の前で大きく回しながら、歌をうたいます。

歌　「まだぬけない」

♪ソレ　よいしょ　こらしょ
うんとこ　どっこい　こらしょ
よいしょ　こらしょ
まだ　まだ　ぬけない

おじいさん　そうだ。
おばあさんを呼んでこよう。

●おじいさんは、舞台袖へ退場します。

第2幕

●おじいさんが、
おばあさんを連れて登場します。

舞台袖から、おじいさんがおばあさんの手をひいて登場します。

おじいさん　おばあさんや、
引っ張っておくれ！

おばあさん　はいはい。
力を合わせて引っ張りましょう。

●おばあさんは、その場でくるりと回り、
かぶの葉っぱをにぎっているおじいさんと
手をつなぎます。
●おじいさんとおばあさんで、
「まだぬけない」をうたいます。

歌　**「まだぬけない」**

♪ソレ　よいしょ　こらしょ
うんとこ　どっこい　こらしょ
よいしょ　こらしょ
まだ　まだ　ぬけない

おばあさんは、その場でくるりと回ったあと、おじいさんと手をつなぎます。

おばあさん　孫たちを呼んでこよう。

●おばあさんは、舞台袖へ退場します。

おじいさんと手をつなぎながら、体を左右に揺らし、歌をうたいます。

第3幕

●おじいさんは、
かぶのそばで座っています。
●おばあさんは、
孫たちを連れて登場します。

おばあさん　孫たち、
引っ張っておくれ！

孫たち　はあい！
いっしょに引っ張りましょう！

●孫たちは、その場でくるりと回ります。
●かぶの葉っぱを引っ張っているおじいさんを先頭に、
みんなで手をつなぎ、「まだぬけない」をうたいます。

歌　「まだぬけない」

♪ソレ　よいしょ　こらしょ
うんとこ　どっこい　こらしょ
よいしょ　こらしょ
まだ　まだ　ぬけない

孫たち　いぬやねこ、
ねずみたちを呼んでこよう！

●孫たちは、舞台袖へ退場します。

みんなで手をつなぎながら、体を左右に揺らして歌をうたいます。

第4幕

●おじいさんとおばあさんは、
かぶのそばで座っています。
●孫たちが、
いぬ、ねこ、ねずみを連れて登場します。

孫たち　みんなで力を合わせて引っ張っておくれ！

いぬ・ねこ・ねずみ　はい！
いっしょに引っ張りましょう！

●いぬ、ねこ、ねずみは、その場でくるりと回ってから、
それぞれ「ワンワン」「ニャンニャン」「チュー！」と
鳴き声をあげて、元気にジャンプします。
●かぶの葉っぱを握っているおじいさんを先頭に
全員が手をつなぎ、「みんなでよいしょ」をうたいます。

いぬ、ねこ、ねずみたちは、順番に鳴き声をあげて、ジャンプします。

歌　「みんなでよいしょ」

全員　♪ソレ　よいしょ　こらしょ
おじいさん　うんとこ　どっこい
おばあさん　うんとこ　どっこい
孫たち　うんとこ　どっこい
いぬ・ねこ・ねずみ　うんとこ　どっこい
全員　よいしょ　こらしょ
よいしょ　こらしょ‥‥
スポン！

黒子が、かぶを留めているフックをはずし、おじいさんたちに渡します。

●かぶが抜けて、
全員で尻餅をつきます。

孫たち　抜けた！
やったぁ！

●かぶを全員で持ち上げながら、
「おおきくなあれ」の２番をうたいます。

歌　「おおきくなあれ」

♪みんなで　ちからを　あわせ
とうとう　ぬけた　わあい　わい
あまくて　おおきな　しろいかぶ

全員で並び、かぶを前にしてうたいます。

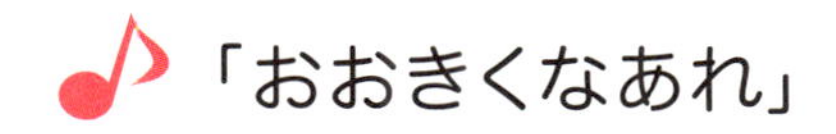

作詞・作曲／村田さち子

作詞・作曲／村田さち子

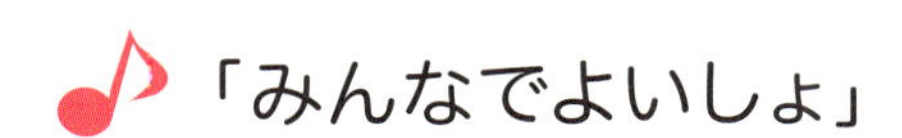

作詞・作曲／村田さち子

型紙と作り方

アラジンと魔法のランプ

コスチューム	4～6ページ
シナリオ	26～33ページ

魔法使いのひげ

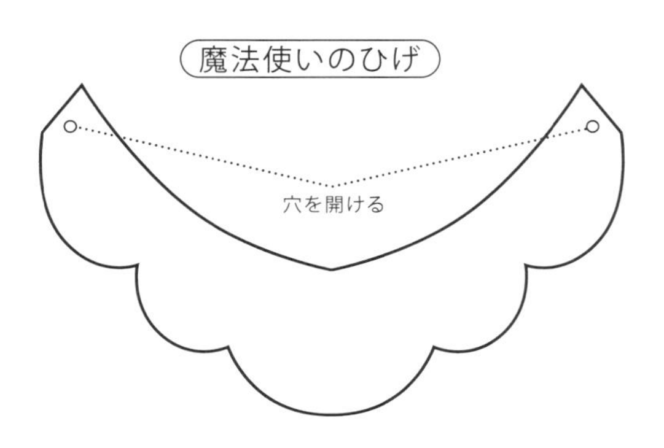

魔法使いのランプの精の飾り

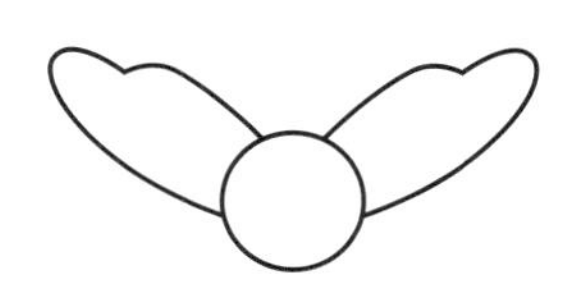

王子アラジンの飾り

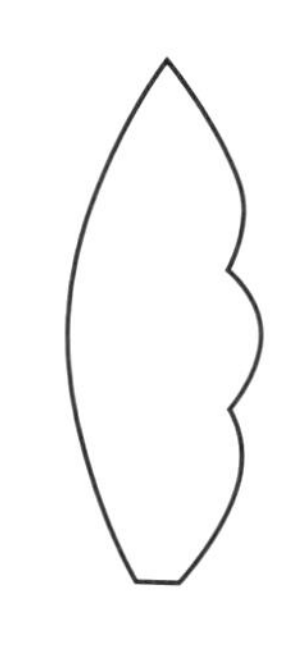

アラジンのランプの精の飾り

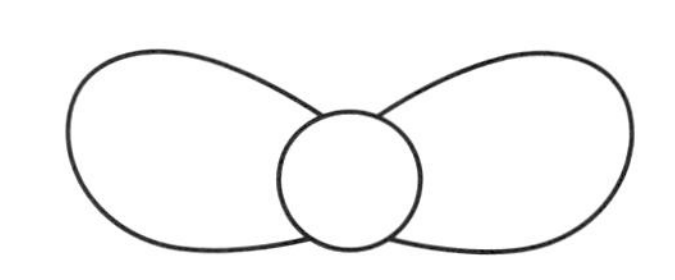

お城の人（男）の飾り

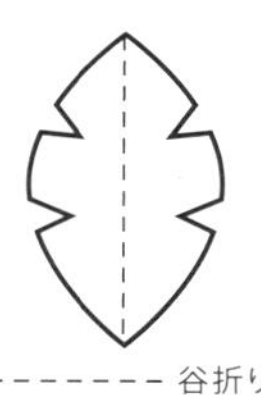

-------- 谷折り

お姫様の冠

-・-・-・-・- 山折り

子どもアラジン

●材料● 紅白帽子、綿、不織布、大人用Ｔシャツ、カラーポリ袋

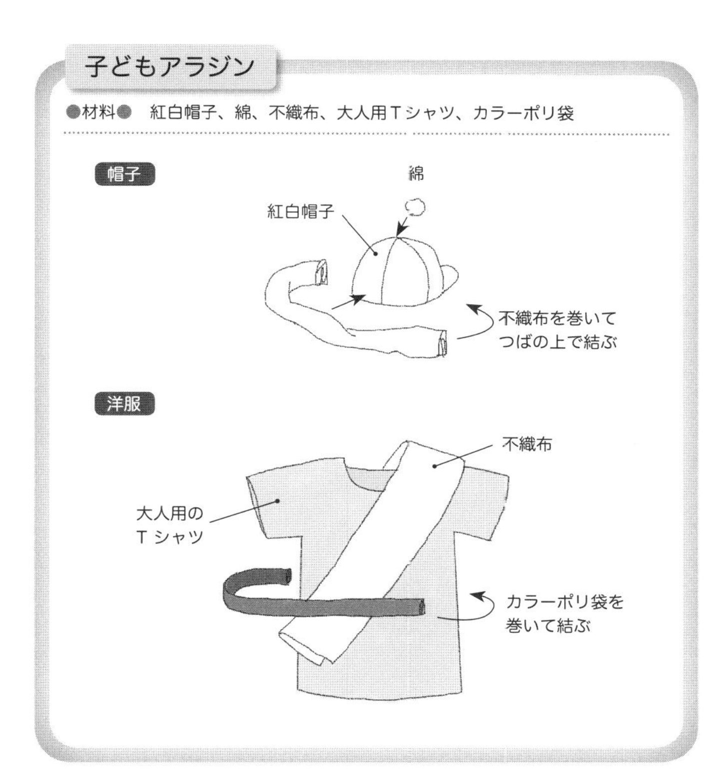

魔法使い

●材料● カラーポリ袋、フェルト、輪ゴム、不織布、色画用紙、平ゴム

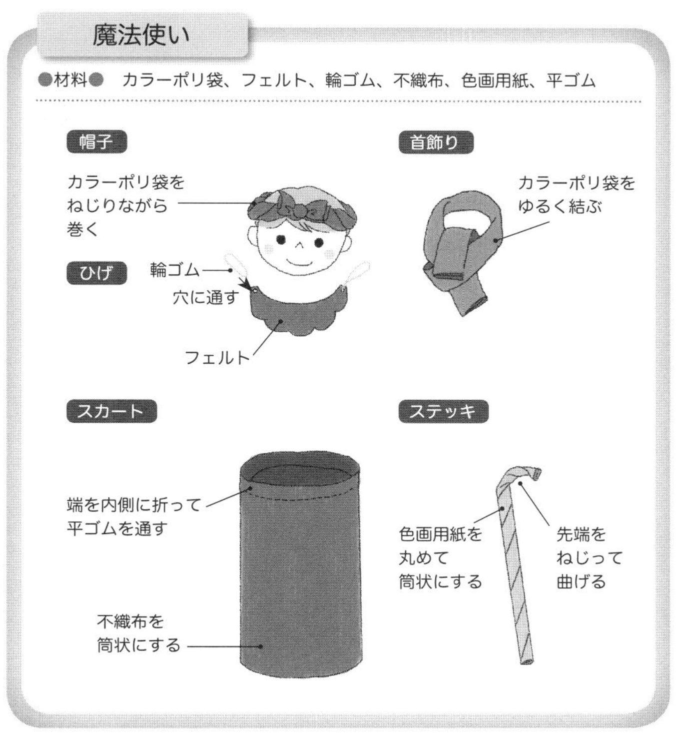

指輪の精

●材料● キラキラした紙、輪ゴム、レジ袋、キラキラしたモール、
カラーポリ袋、リボン、キラキラしたテープ

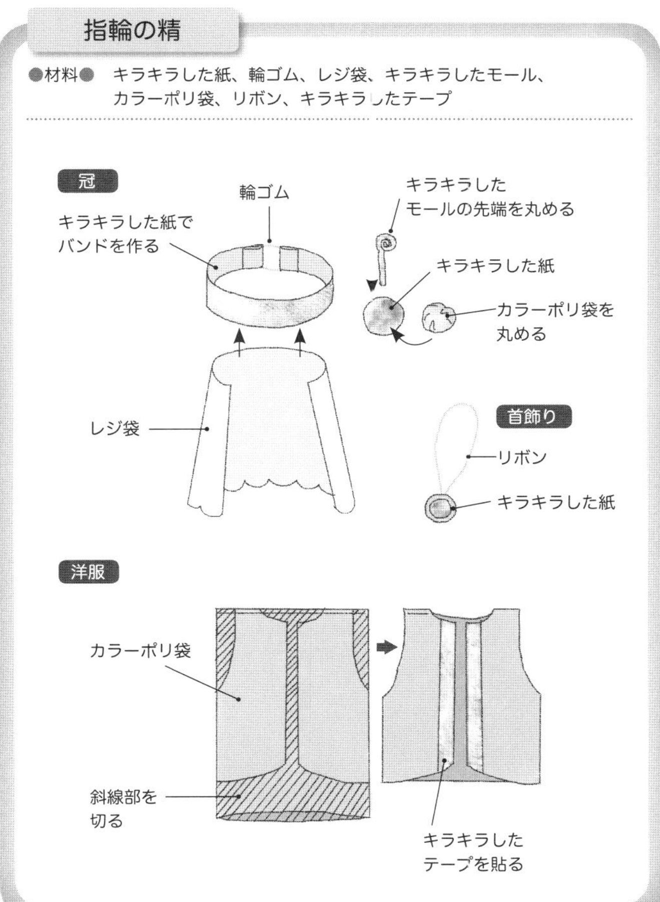

青年アラジン＆王子アラジン

●材料● どんぶり容器、カラーポリ袋、厚紙、カラーセロハン、ゴム、
透明のビニール袋、キラキラしたテープ、キラキラしたシール、
パーティーモール、キラキラしたモール

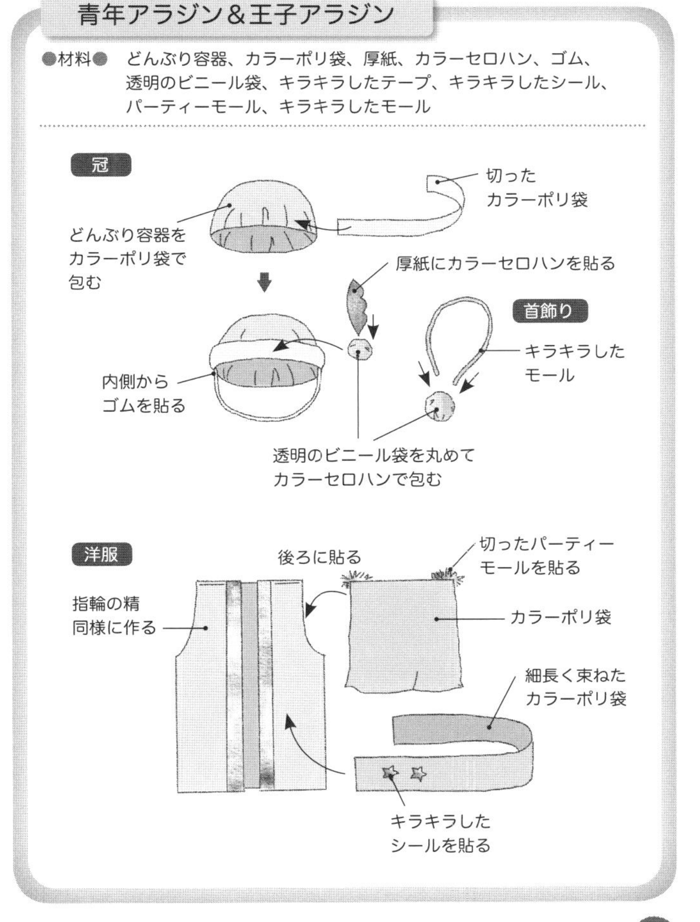

アラジンのランプの精

●材料● キラキラした紙、キラキラしたモール、不織布、カラーポリ袋、キラキラしたテープ

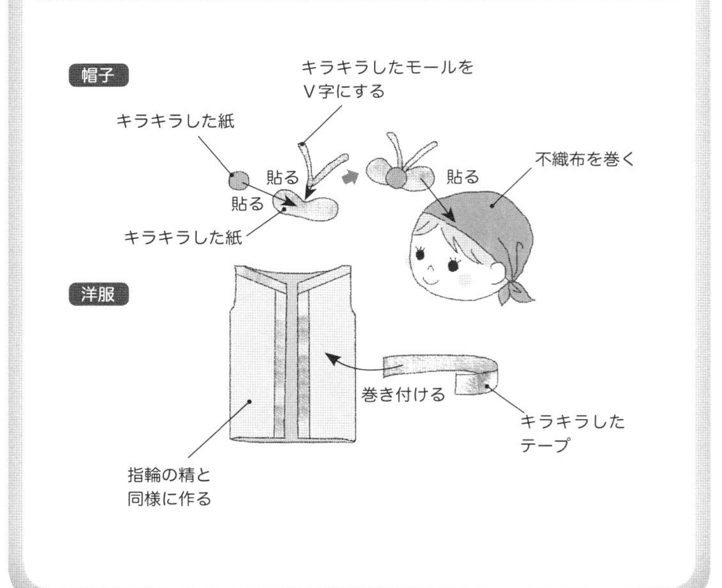

魔法使いのランプの精

●材料● カラー工作用紙、キラキラしたモール、バンダナ、カラーセロハン、カラーポリ袋、キラキラしたテープ

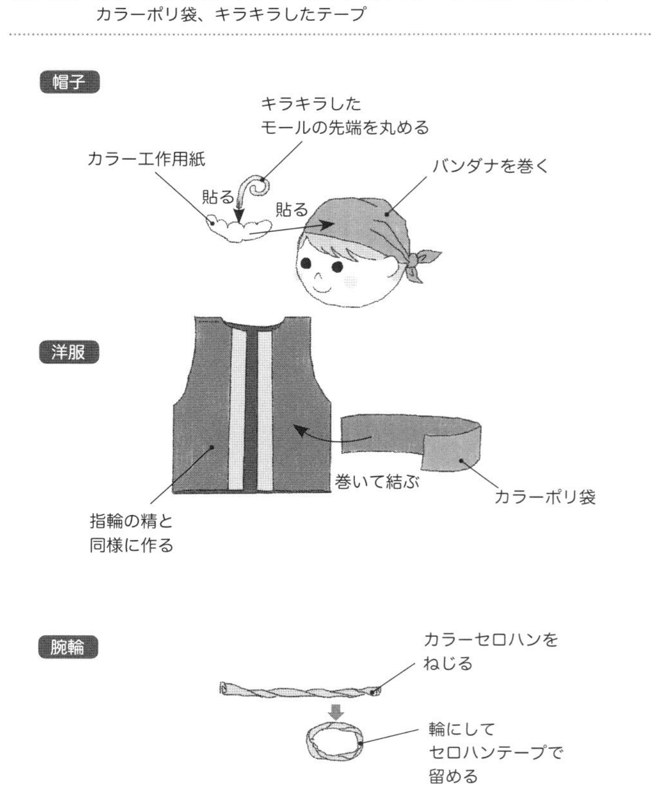

王様

●材料● どんぶり容器、カラーポリ袋、カラーセロハン、ティッシュペーパー、ゴム、リボン、キラキラしたテープ、パーティーモール、キラキラした布のテープ

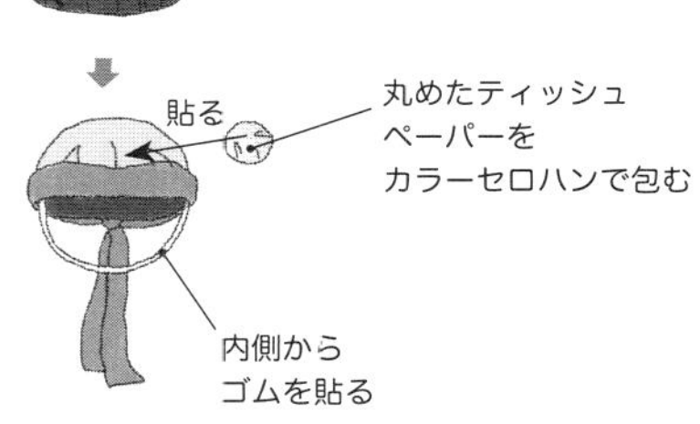

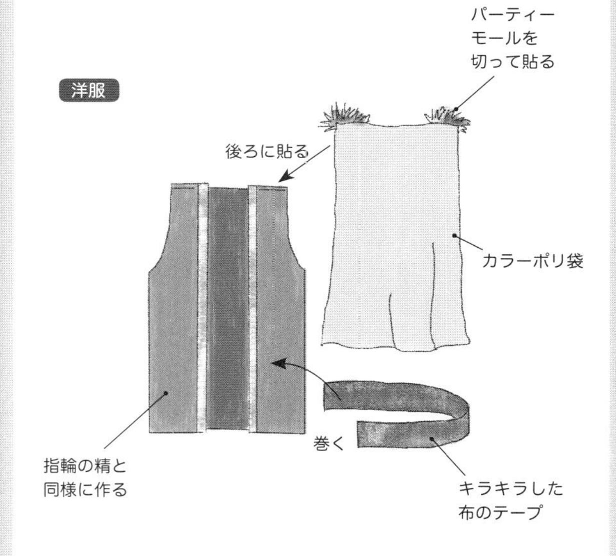

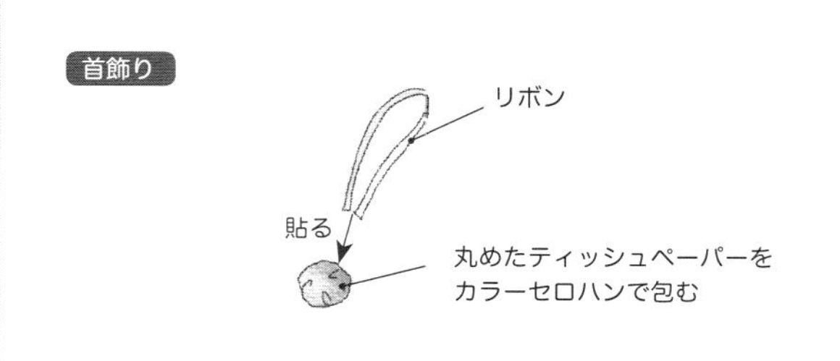

お姫様

●材料● キラキラした紙、折り紙、輪ゴム、キラキラしたモール、レース、カラーポリ袋、平ゴム、リボン、カラー工作用紙

冠

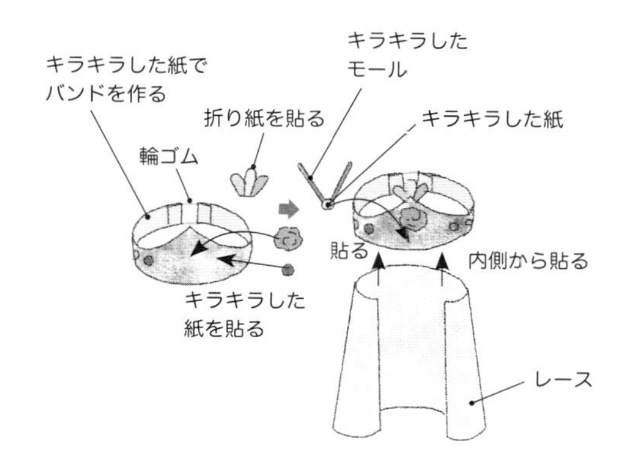

スカート

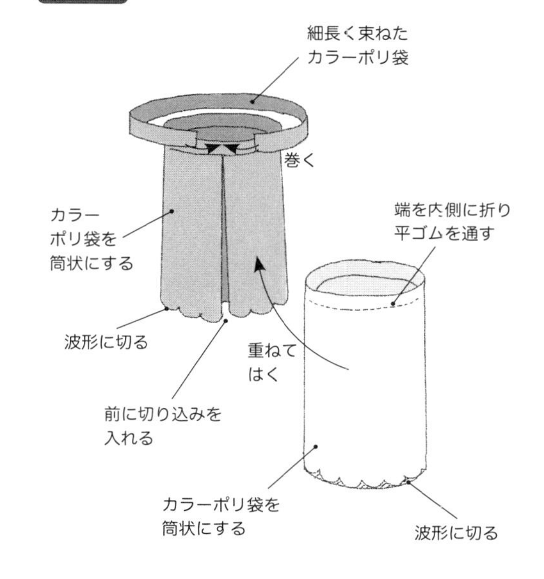

首飾り

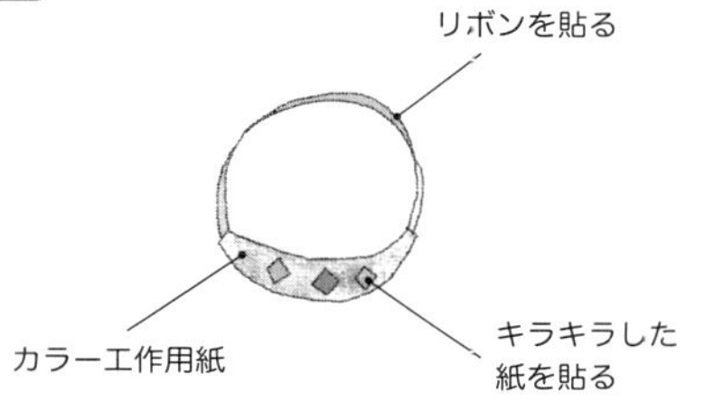

お城の人（男）

●材料● カラーポリ袋、カラー工作用紙、不織布

帽子

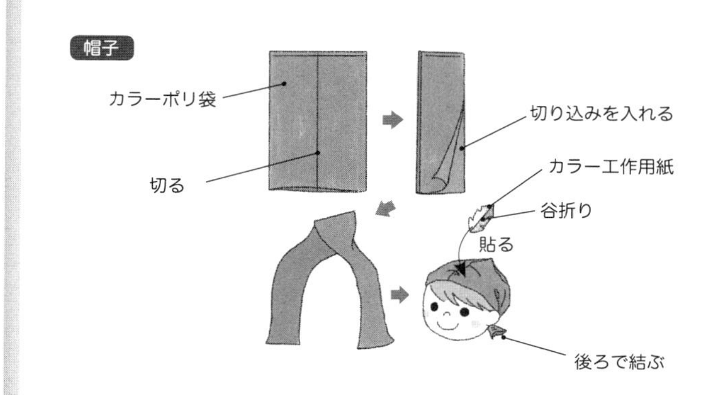

洋服

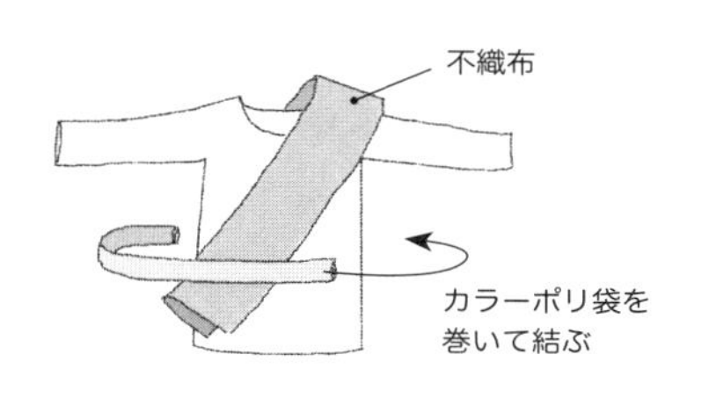

お城の人（女）

●材料● キラキラしたモール、布、カラーポリ袋、不織布、ピン、平ゴム

冠

キラキラした
モールで形作る
被る
ピンで頭に
布を留める

うで輪

キラキラした
モールをねじる
輪にする

洋服

端を内側に折り
平ゴムを通す
巻く
貼る
カラーポリ袋を
細く束ねる
カラーポリ袋を
筒状にする
波形に切る

作り方イラスト●おおしだいちこ

じゅうにしのおはなし

コスチューム	7～10ページ
シナリオ	34～39ページ

おなかⒶ

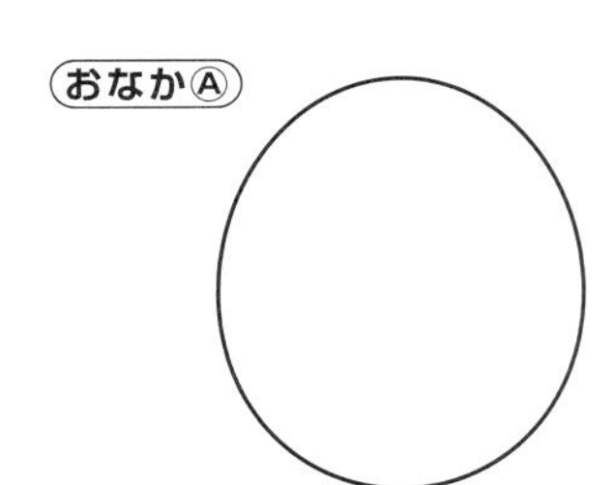

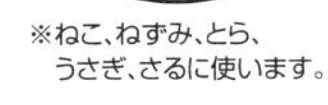
※ねこ、ねずみ、とら、
うさぎ、さるに使います。

ねずみ

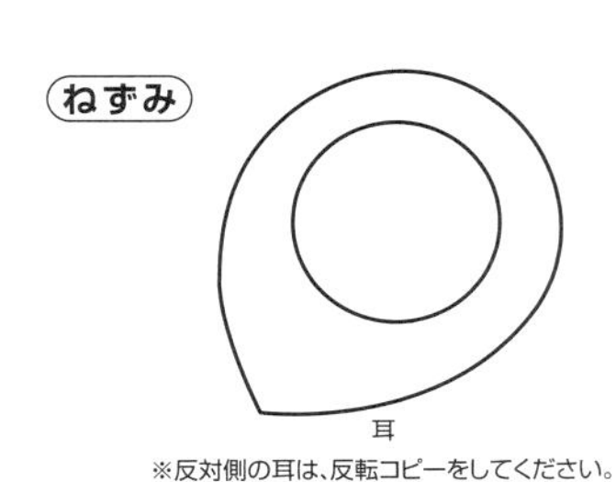

※反対側の耳は、反転コピーをしてください。

神様

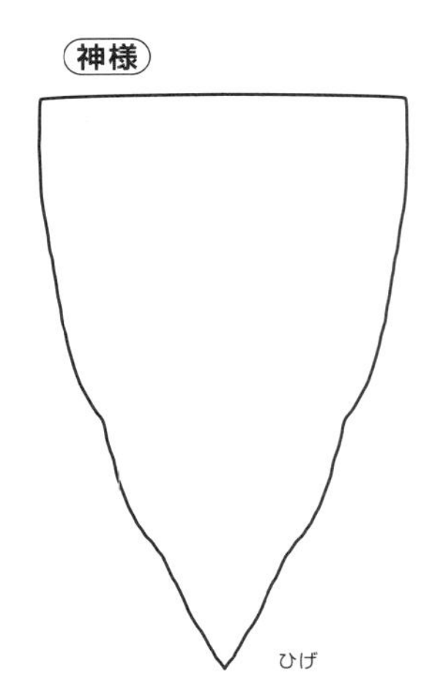

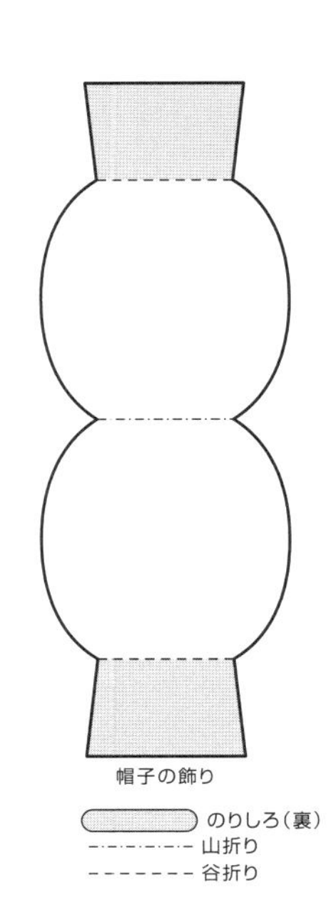

うし

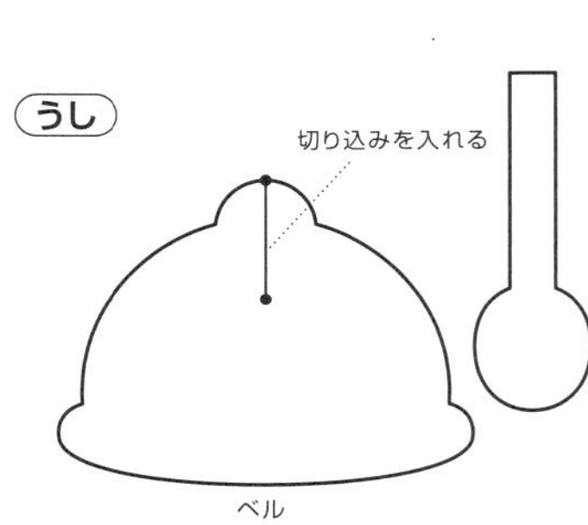

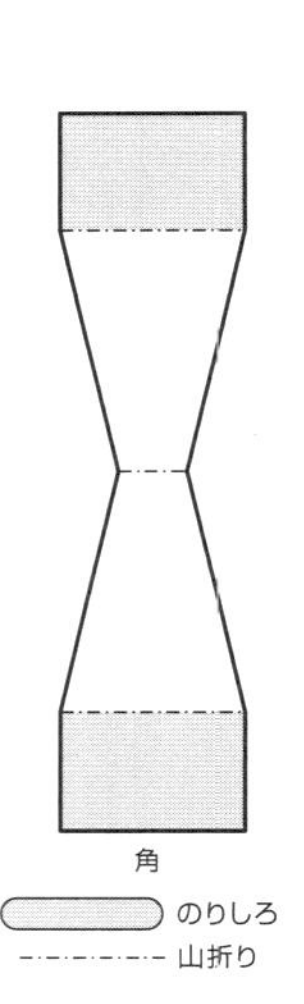

ねこ

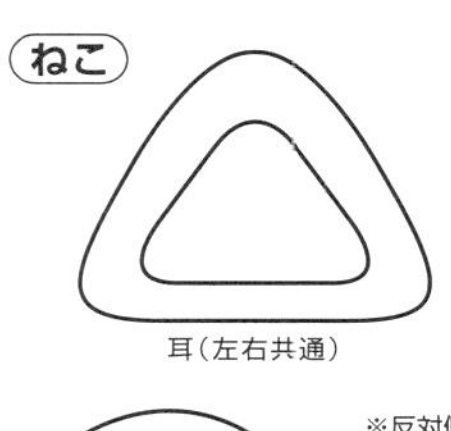

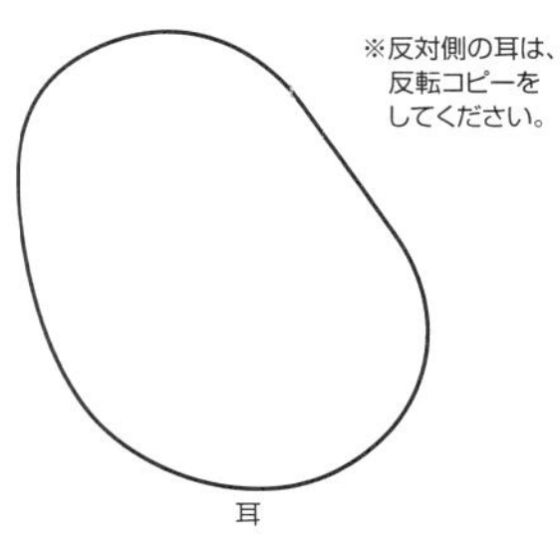

おなかⒷ

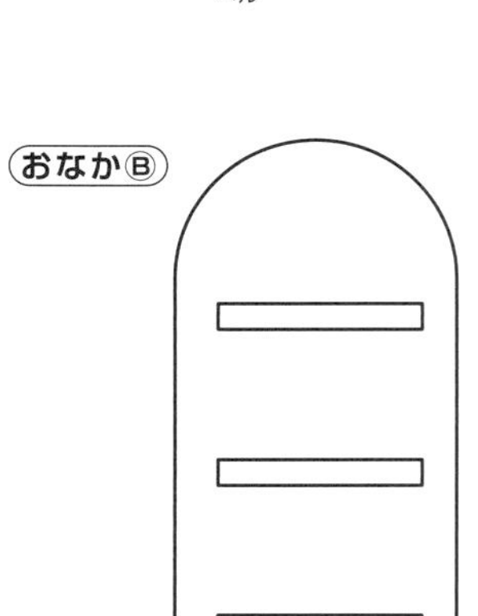

※へび、たつに使います。

うさぎ

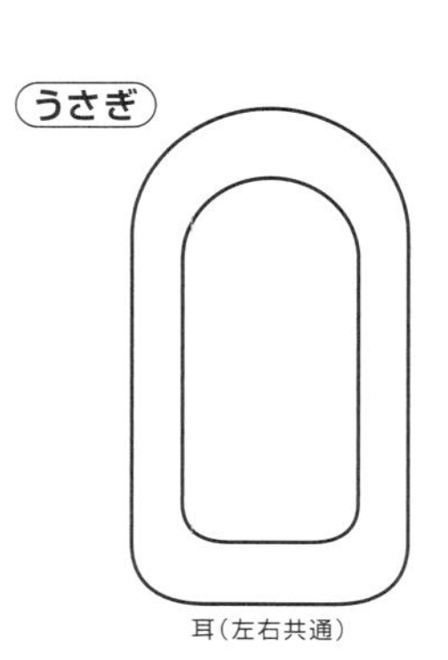

とら

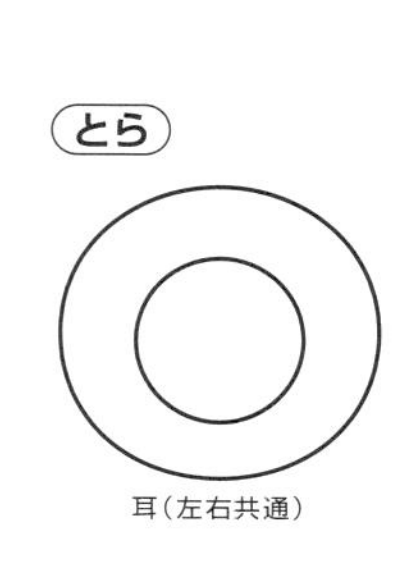

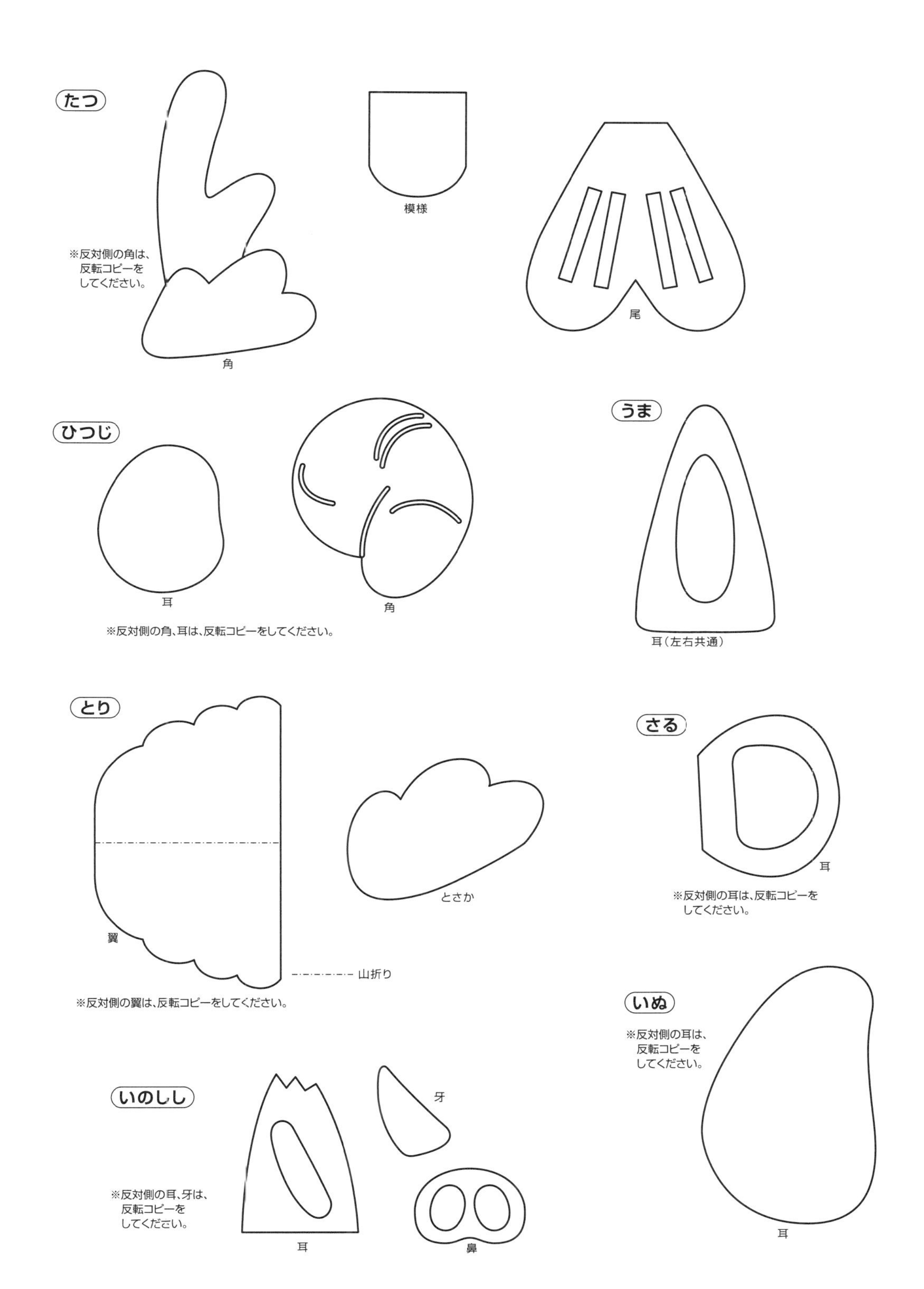
たつ
※反対側の角は、
反転コピーを
してください。
角
模様
尾
ひつじ
耳
角
※反対側の角、耳は、反転コピーをしてください。
うま
耳（左右共通）
とり
翼
山折り
※反対側の翼は、反転コピーをしてください。
とさか
さる
耳
※反対側の耳は、反転コピーを
してください。
いぬ
※反対側の耳は、
反転コピーを
してください。
耳
いのしし
※反対側の耳、牙は、
反転コピーを
してください。
耳
牙
鼻

じゅうにしのおはなし

神様

●材料●　カラーポリ袋、ビニールテープ、ひも、紙

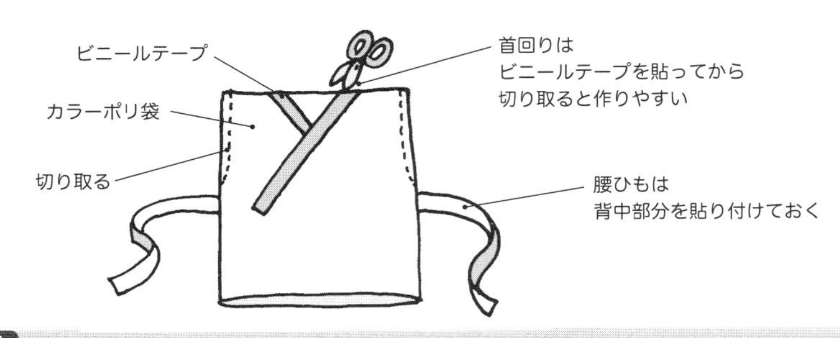

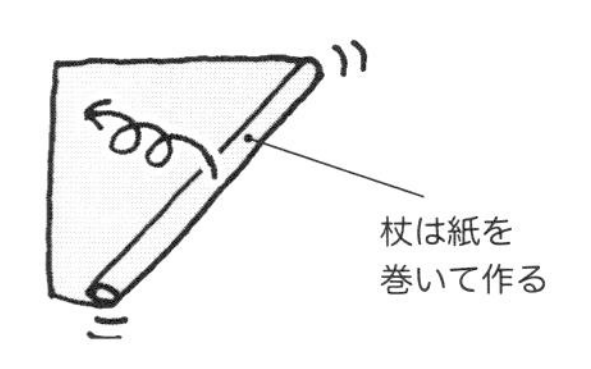

洋服

動物たち

●材料●　カラーポリ袋、どんぶり容器、ビニールテープ、色画用紙、画用紙、シール折り紙、工作用紙、不織布、エアーパッキング、スズランテープ、平ゴム

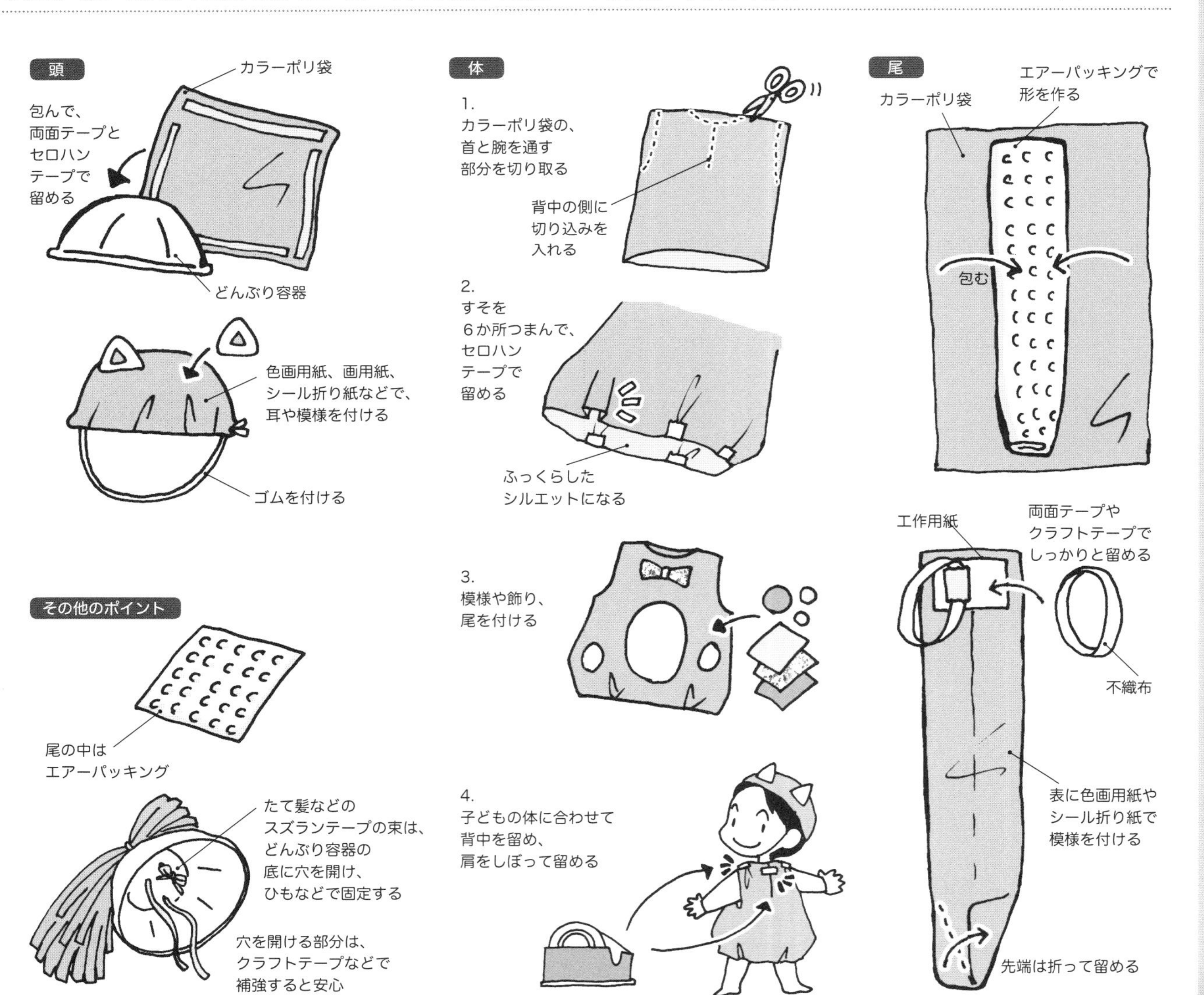

作り方イラスト●いわいざこまゆ

ポップとタップの大冒険

コスチューム　11～13ページ
シナリオ　40～51ページ

ポップ

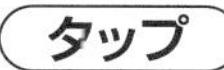

王様

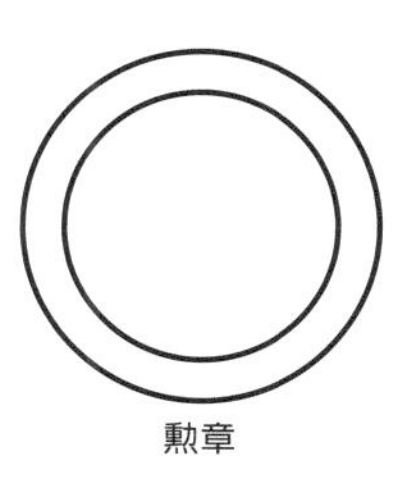

勲章

氷の国の子ども

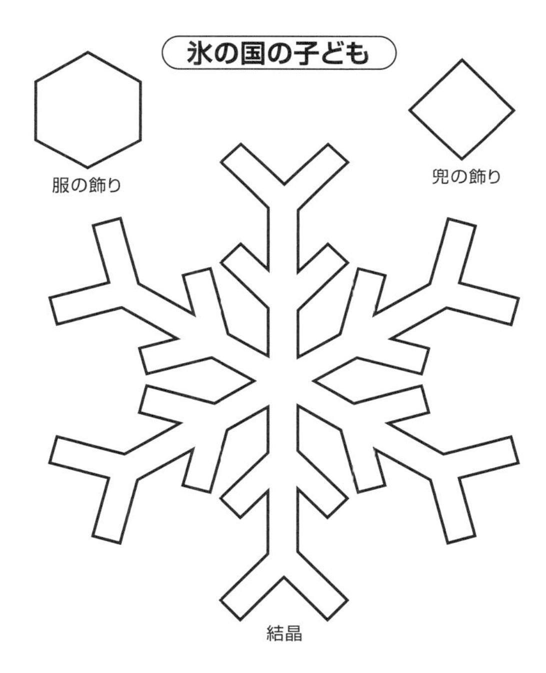

服の飾り

兜の飾り

結晶

火の国の子ども

火のマーク

※旗と頭のマークは共通です。
ベルトのマークは、
縮小コピーをしてください。

森の国の子ども

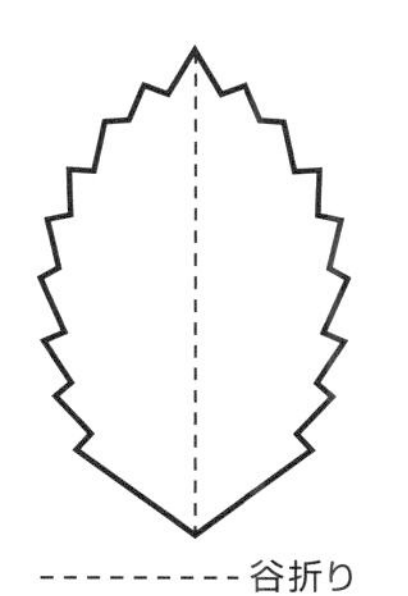

---------谷折り

魔法使い（よいとき）

星

※大きな星は、
拡大コピーを
してください。

帽子の飾り

魔法使い（悪いとき）

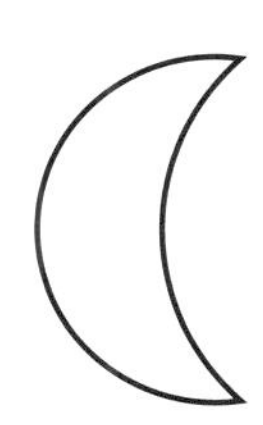

帽子の飾り

ステッキの星

服の飾り

ポップ

●材料● カラーポリ袋、ゴム、ビニールテープ、スズランテープ、不織布、シール折り紙

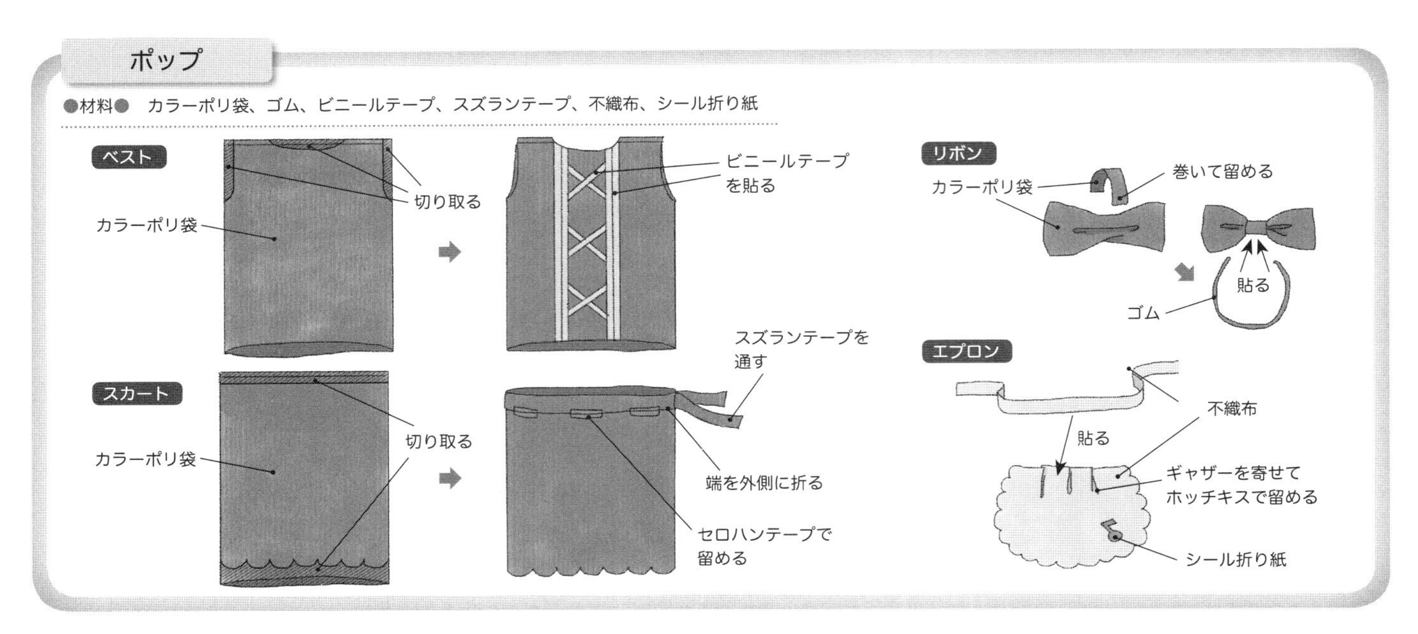

タップ

●材料● カラーポリ袋、ボンテン、ゴム、不織布、色画用紙、ビニールテープ

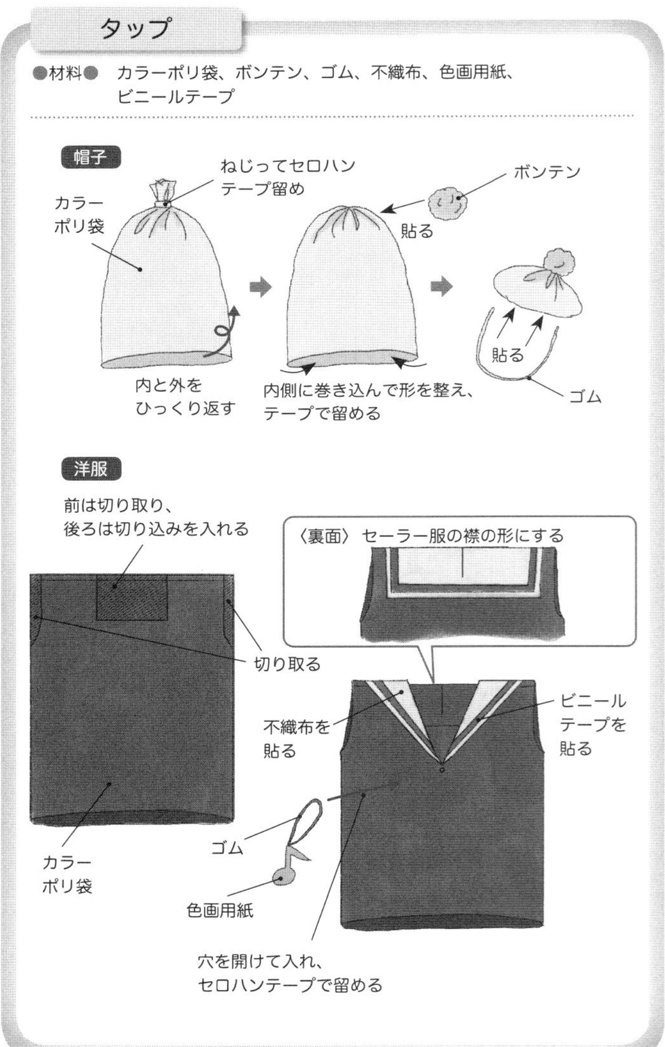

お姫様

●材料● カラーポリ袋、キラキラしたモール、ゴム、キラキラしたリボン、綿ロープ、お花紙

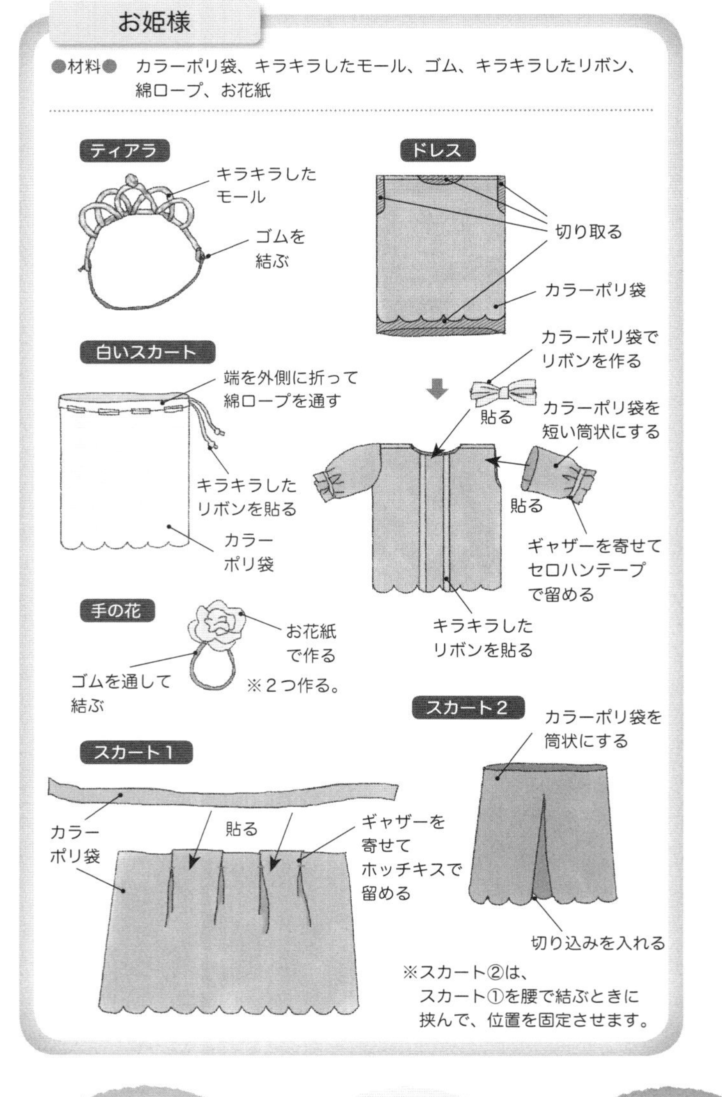

※スカート②は、
スカート①を腰で結ぶときに
挟んで、位置を固定させます。

王様

●材料● カラーポリ袋、スチロール丼、カラーセロハン、アルミホイル、キラキラしたリボン、不織布、ゴム、キラキラした折り紙、キルト芯、面ファスナー、スズランテープ、工作用紙

王冠

アルミホイルを丸めて貼る
キラキラしたリボンを貼る
スチロール丼をカラーセロハンで包む
不織布を帯状に切る
巻く
ゴムを貼る
キラキラした折り紙を貼る

メダル

スズランテープを貼る
貼る
キラキラした折り紙
工作用紙をキラキラした折り紙で包む
貼る
カラーポリ袋

襟

キラキラした折り紙を貼る
キルト芯
面ファスナーを貼る

ローブ

切り取る
身幅に合わせて、後ろ側に折って留める
カラーポリ袋
キラキラしたリボンを貼る
キラキラした折り紙を貼る

魔法使い（悪いとき）

●材料● カラーポリ袋、キラキラした折り紙、折り紙、綿ロープ、カラーセロハン、キラキラしたモール、工作用紙、キラキラした折り紙、色画用紙

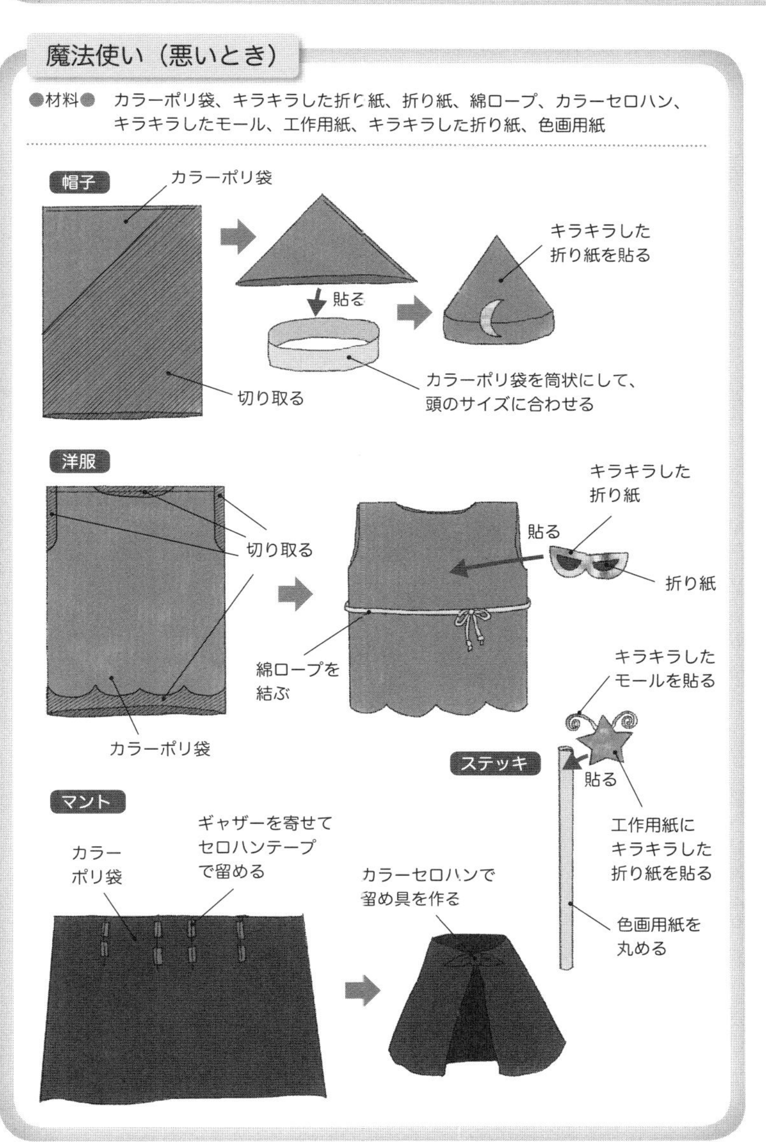

魔法使い（よいとき）

●材料● カラーポリ袋、悪いときの洋服、折り紙、キラキラした折り紙、色画用紙、ヘアピン

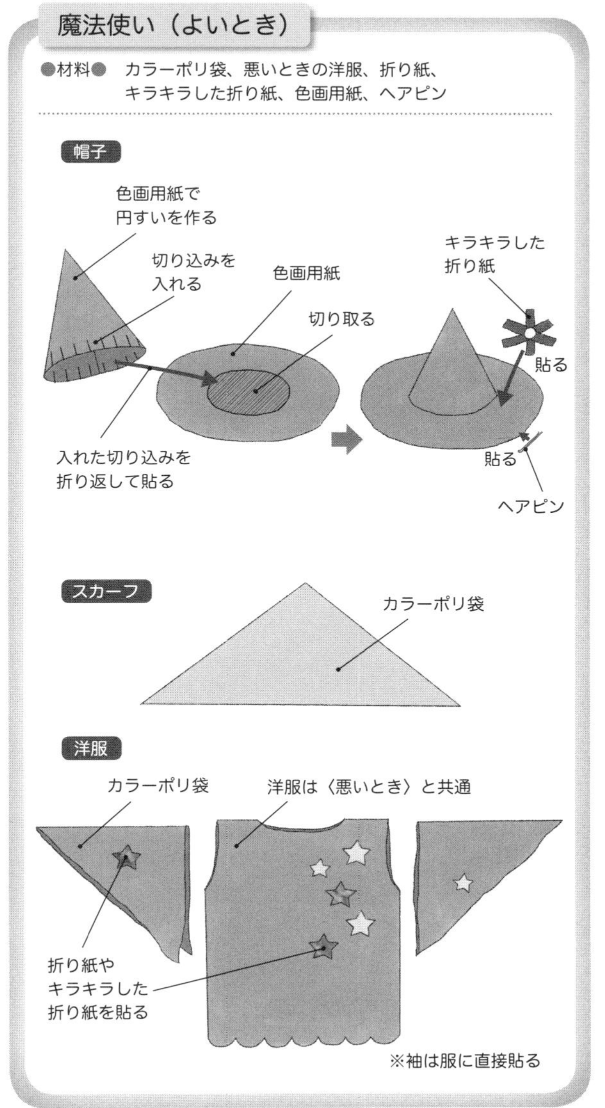

火の国の子ども

●材料● カラーポリ袋、画用紙、キラキラした折り紙、バンダナ、シール折り紙、不織布、色画用紙

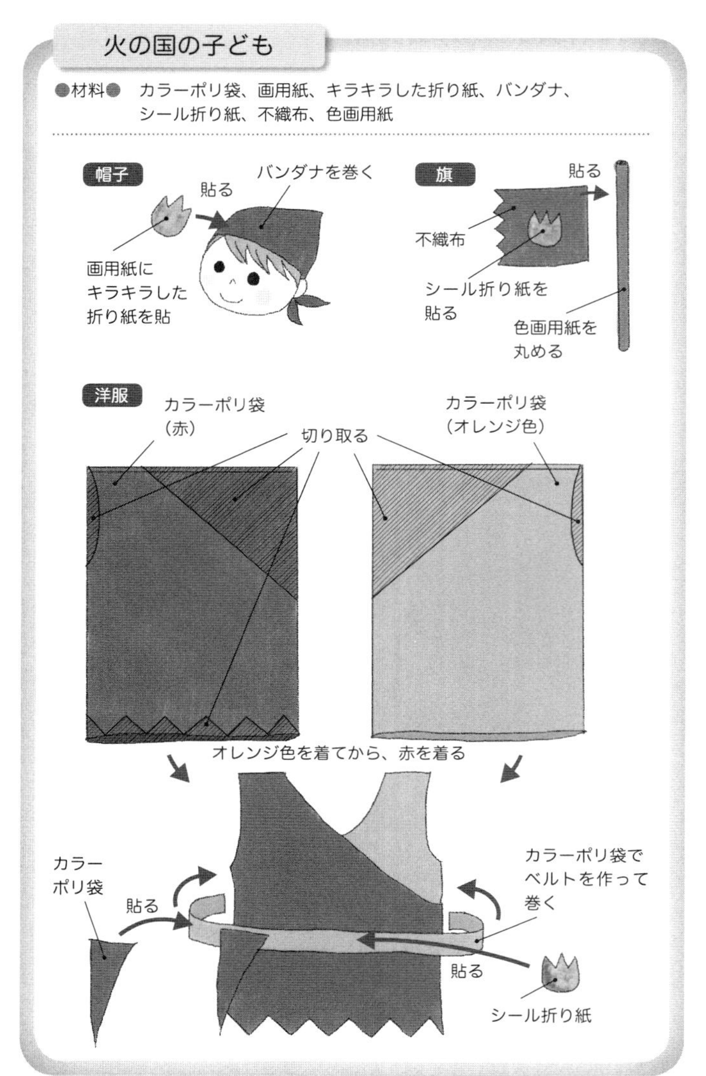

森の国の子ども

●材料● 不織布、ボンテン、ゴム、カラーポリ袋、色画用紙

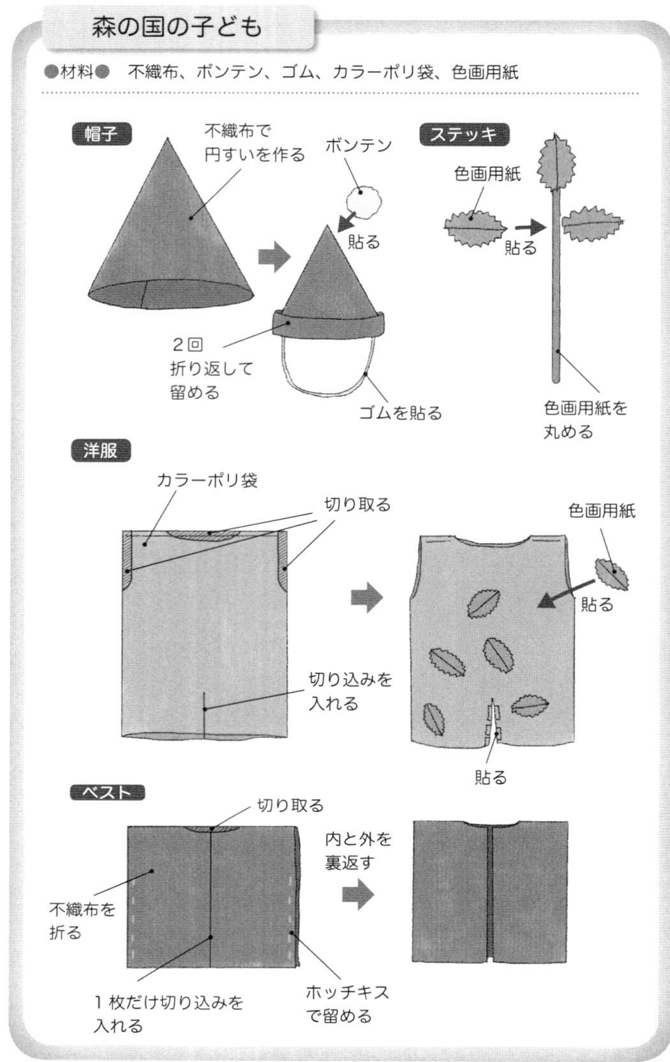

氷の国の子ども

●材料● カラーポリ袋、キラキラしたモール、スチロール丼、アルミホイル、ゴム、画用紙、キラキラしたテープ、キラキラした折り紙、スズランテープ、紙皿、厚紙、鈴

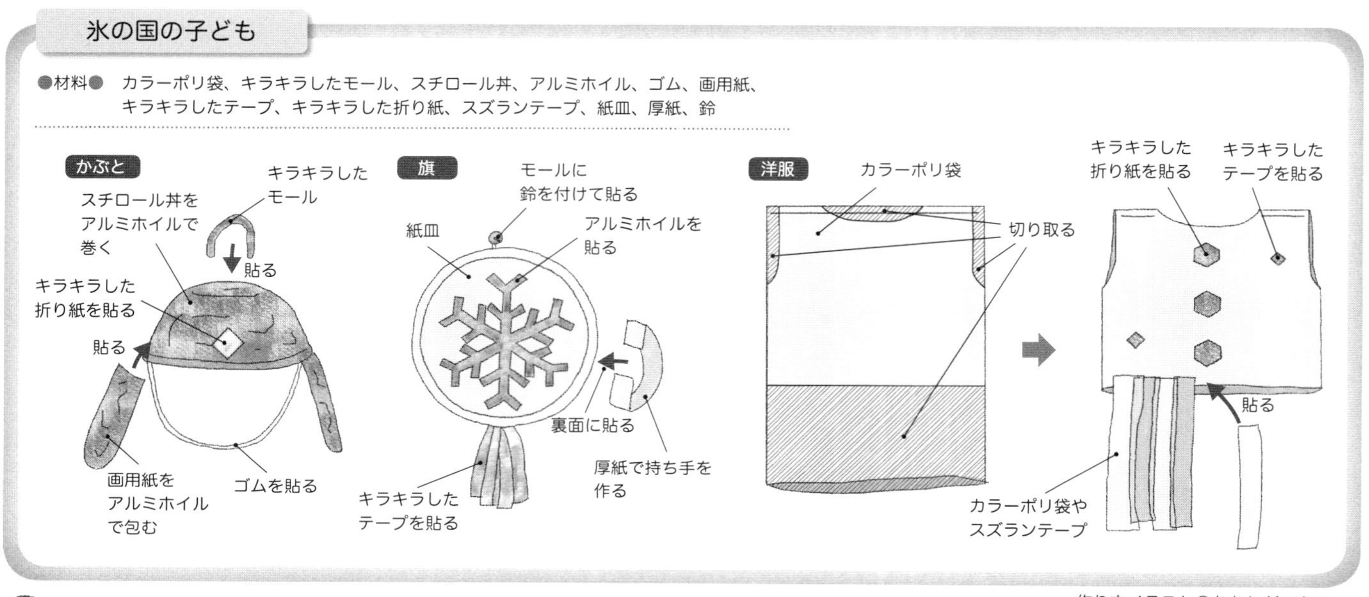

作り方イラスト●おおしだいちこ

999ひきのきょうだい

コスチューム	14～15 ページ
シナリオ	52～57 ページ

弟たち(おたまじゃくし)

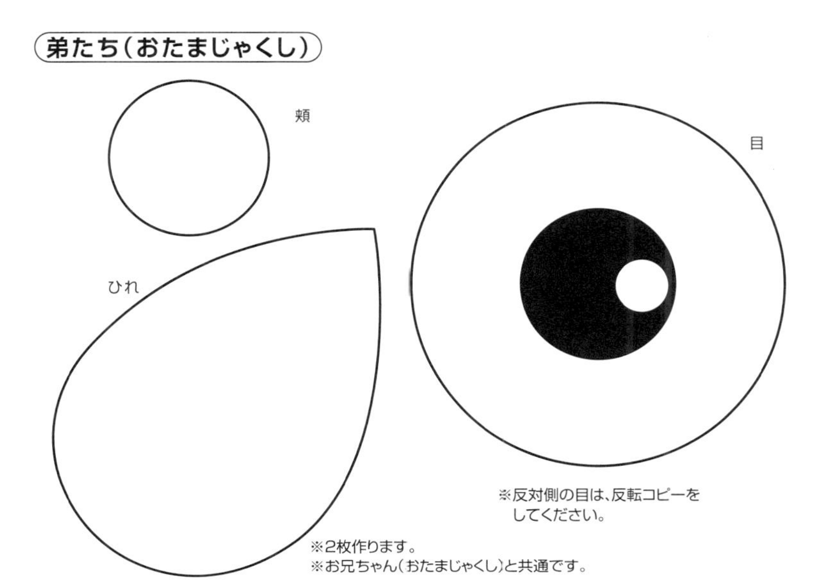

※反対側の目は、反転コピーをしてください。

※2枚作ります。
※お兄ちゃん(おたまじゃくし)と共通です。

お兄ちゃん

※反対側の目は、反転コピーをしてください。

弟たち(かえる)

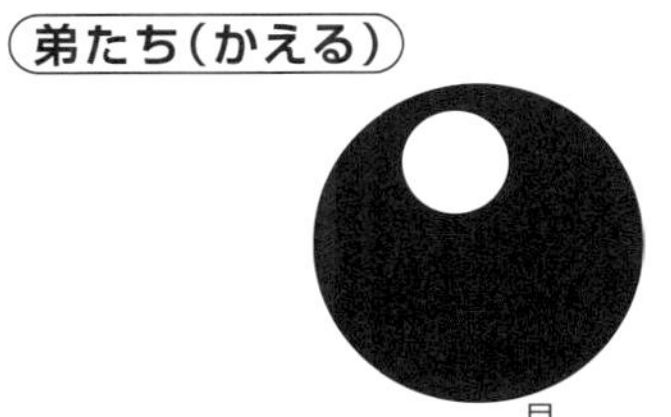

※反対側の目は、反転コピーをしてください。

※お兄ちゃん、弟たち(かえる)の頬は、弟たち(おたまじゃくし)と共通です。
※お母さんの頬は、弟たち(おたまじゃくし)と、目は、弟たち(かえる)と共通です。

お父さん

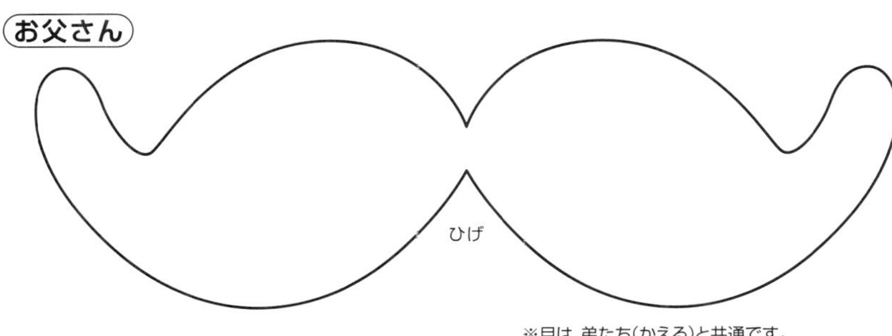

※目は、弟たち(かえる)と共通です。

へび

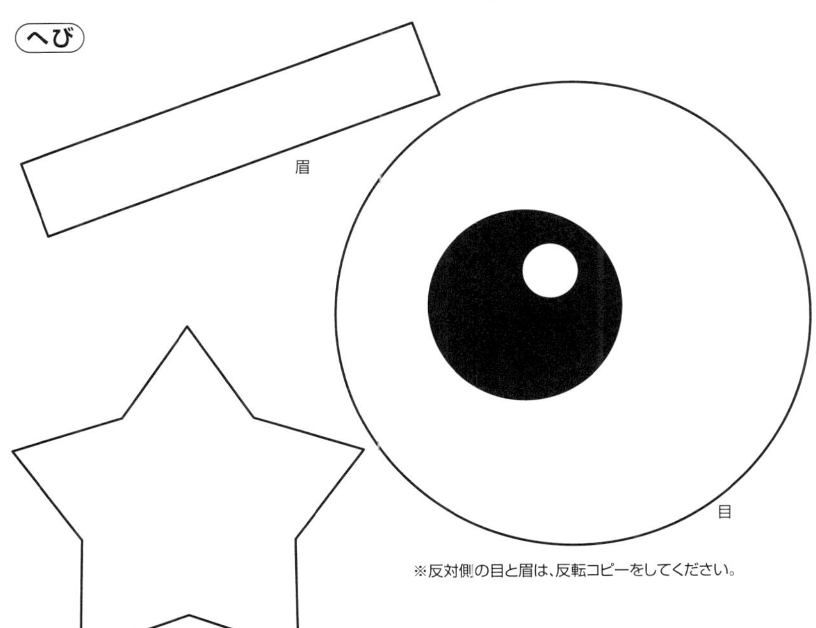

※反対側の目と眉は、反転コピーをしてください。

共通

●材料● カラーポリ袋、綿ロープ、エアーパッキング、シール折り紙、色画用紙、不織布、工作用紙

ずきん

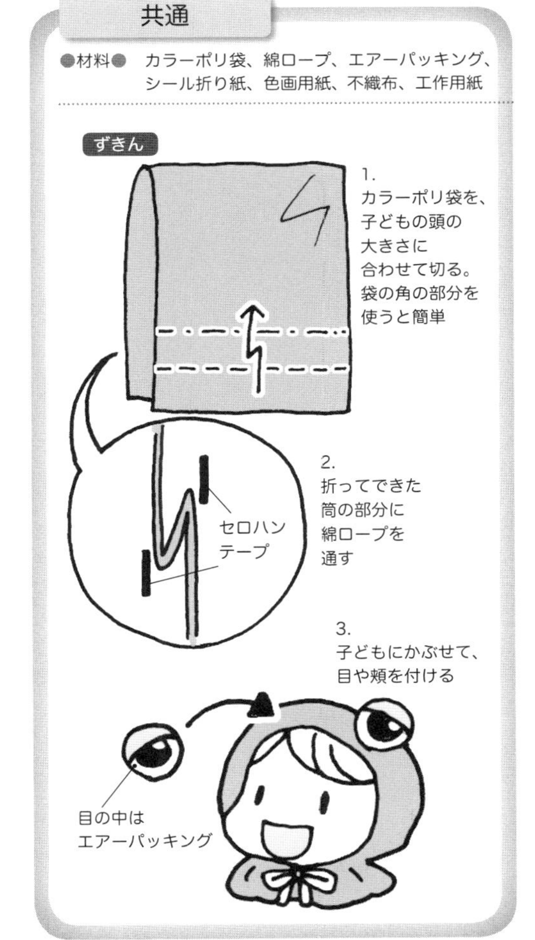

作り方イラスト●いわいざこまゆ

さるじぞう

コスチューム 16～17ページ
シナリオ 58～63ページ

おじいさん

●材料● 不織布、柄布、てぬぐい、ゴム、髪ゴム、フェルト

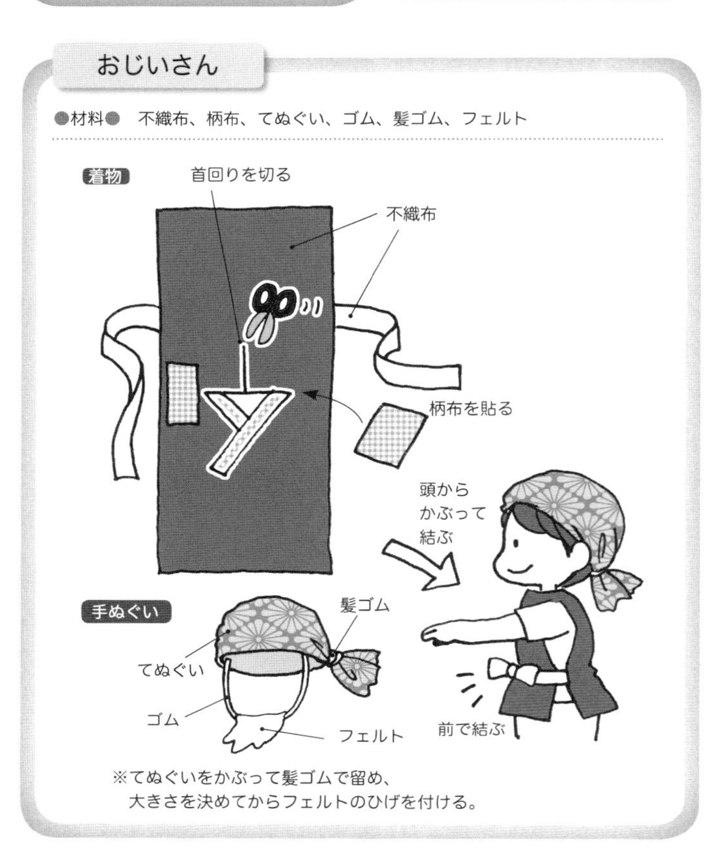

※てぬぐいをかぶって髪ゴムで留め、
大きさを決めてからフェルトのひげを付ける。

おばあさん

●材料● 不織布、柄布、てぬぐい、毛糸、髪ゴム

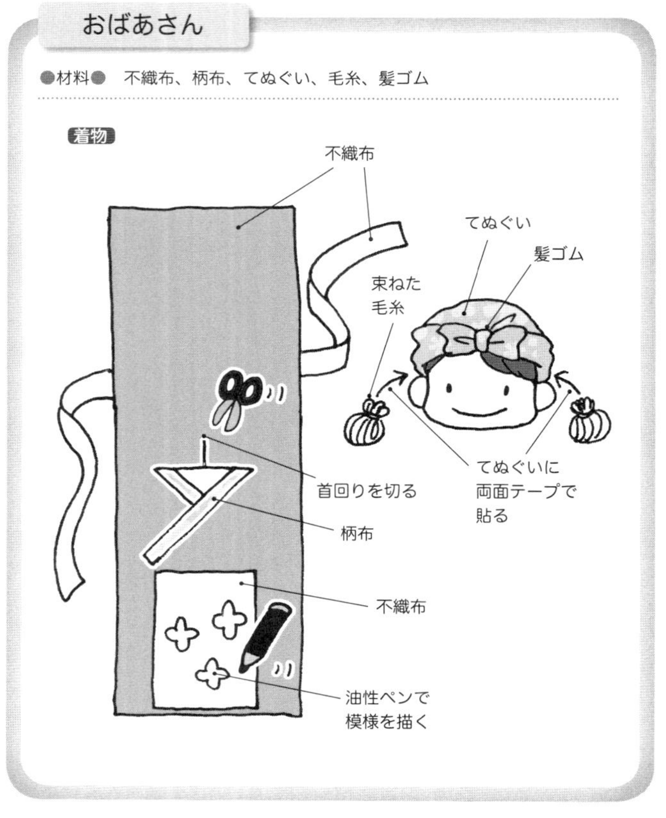

さる

●材料● 不織布、てぬぐい、髪ゴム、タイツ

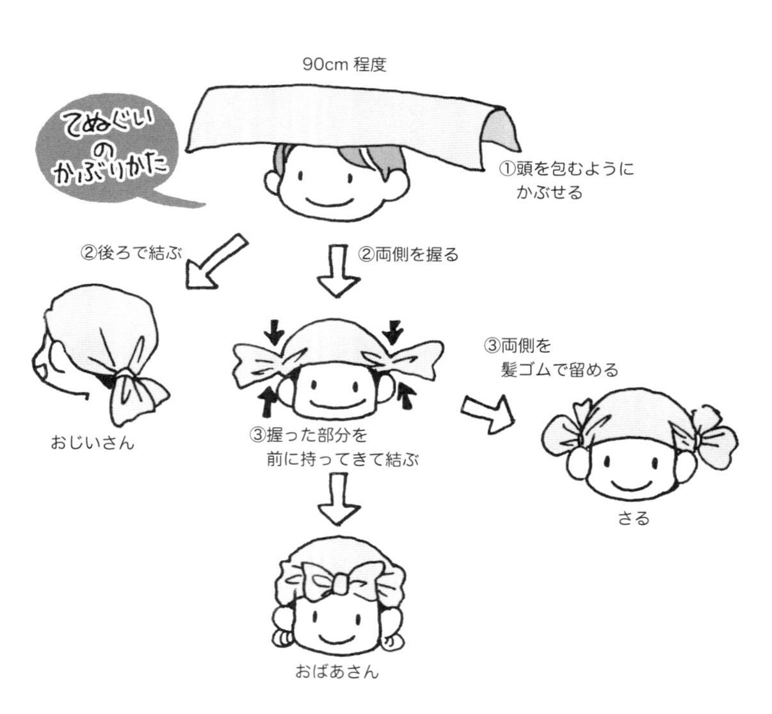

作り方イラスト●いわいざこまゆ

おもちゃの国の物語

コスチューム 18ページ
シナリオ 64～71ページ

おもちゃ

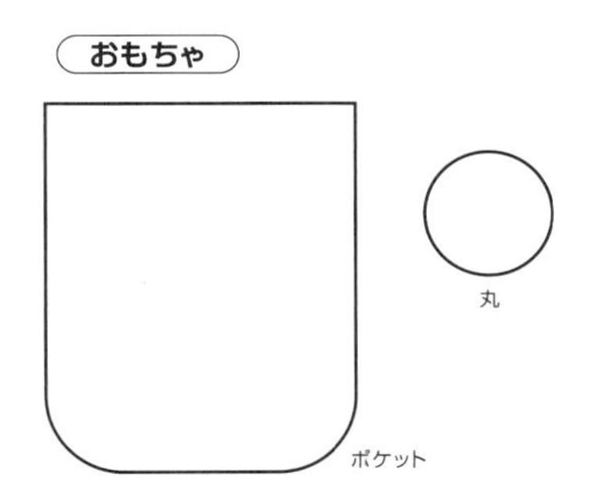

魔法使い

※帽子の星は、縮小コピーをしてください。
※ポケットは、おもちゃと共通です。

おもちゃ

●材料● キラキラした紙、輪ゴム、レジ袋、キラキラしたモール、カラーポリ袋、リボン、キラキラしたテープ

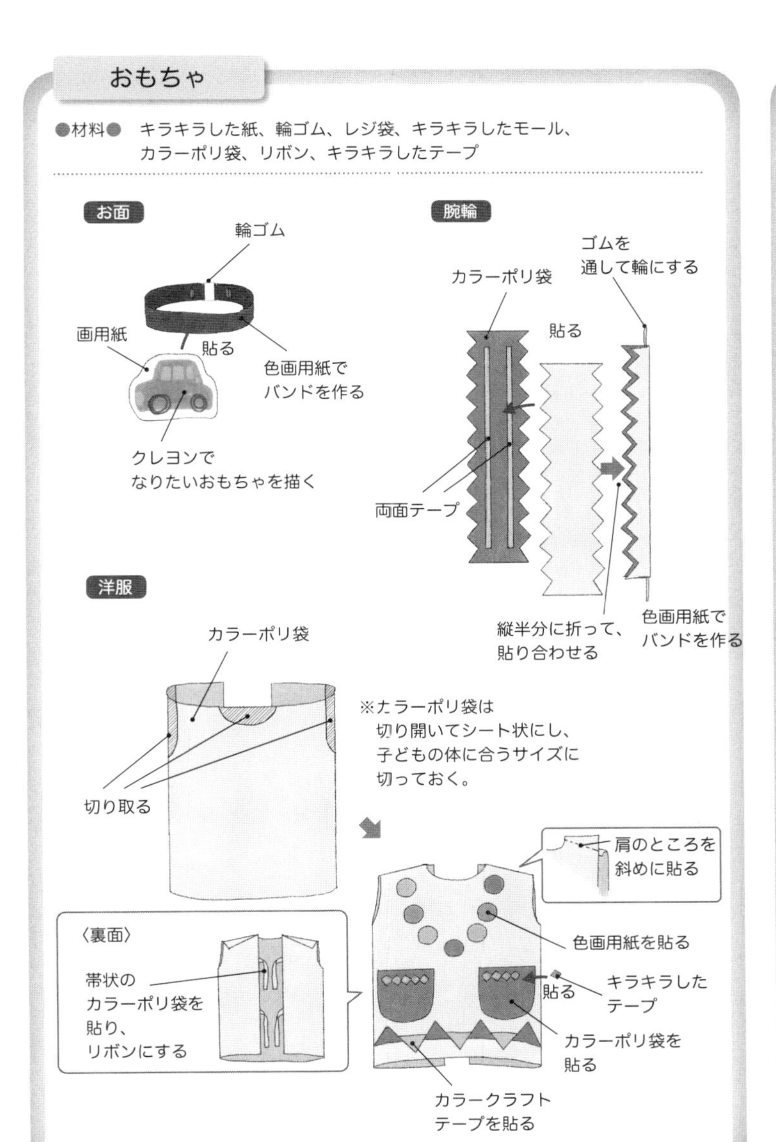

魔法使い

●材料● カラーポリ袋、キラキラしたテープ、カラークラフトテープ、色画用紙、平ゴム、竹ひご、ビニールテープ、スズランテープ

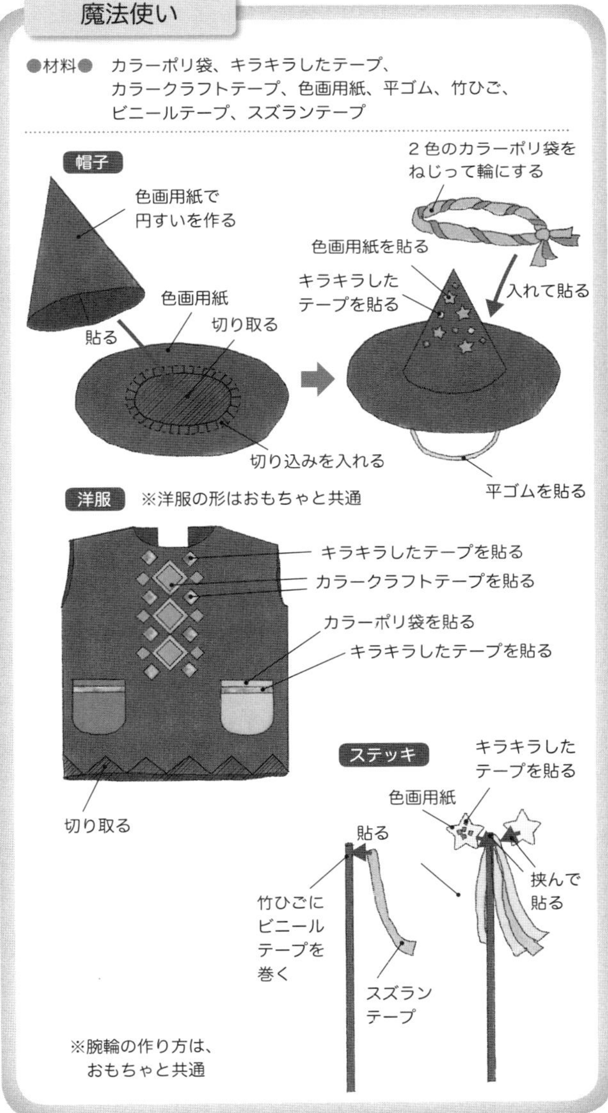

作り方イラスト●おおしだいちこ

おべんとうを作りましょ

コスチューム	19～21ページ
シナリオ	72～79ページ

にんじん

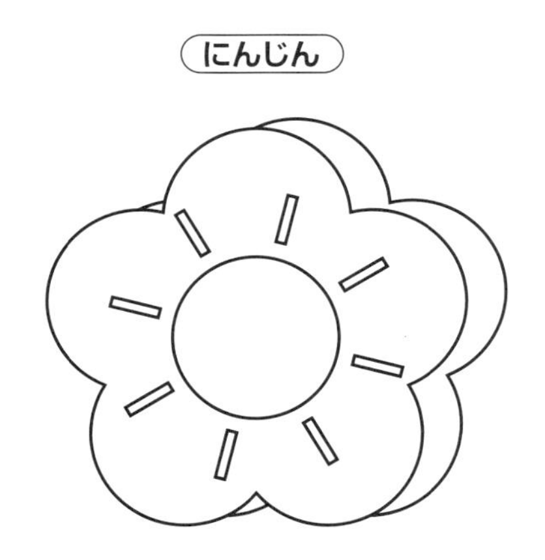

さくらんぼ

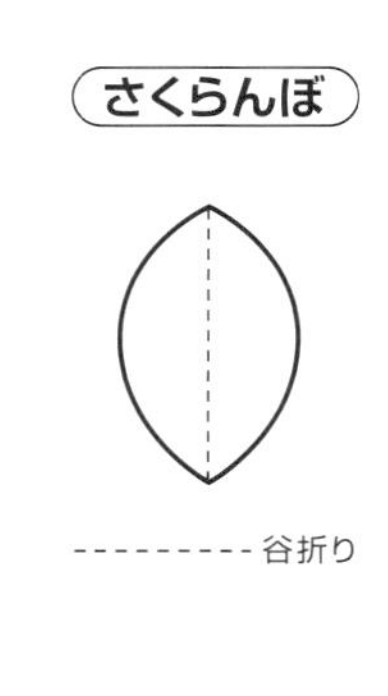

- - - - - - - - - 谷折り

たこさんウインナー

うさぎりんご

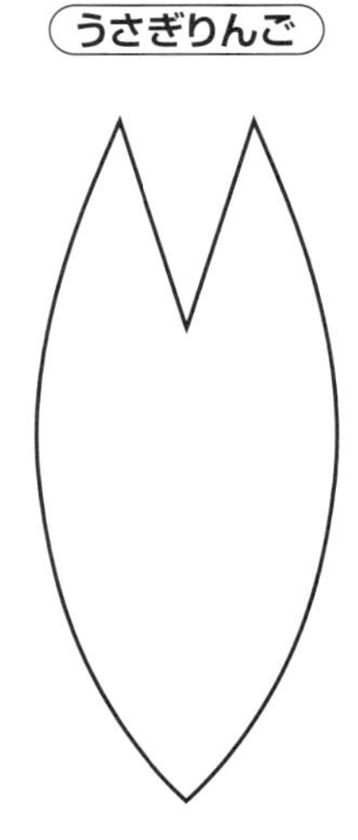

基本の服

●材料● カラーポリ袋

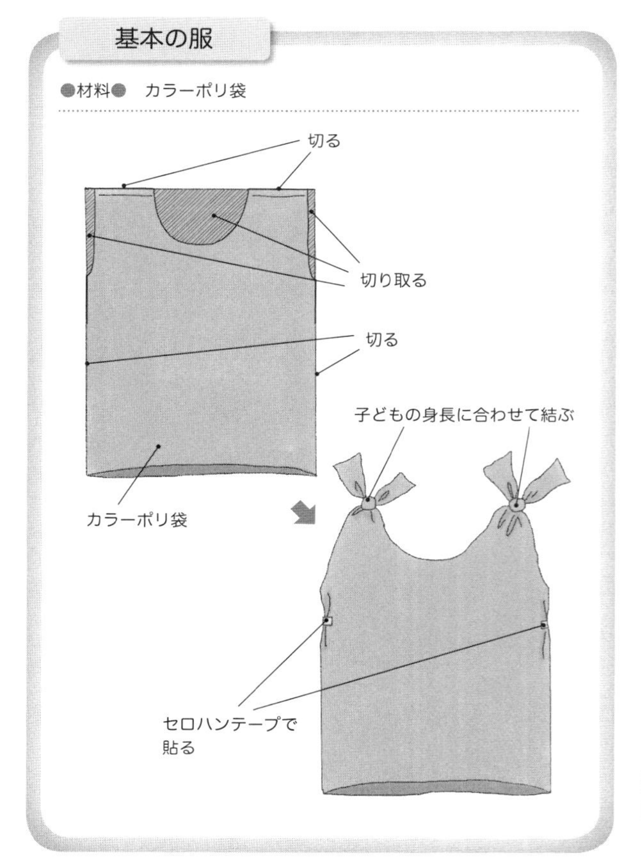

おにぎり

●材料● カラーポリ袋、工作用紙、画用紙、エアーパッキング、和紙、リボン

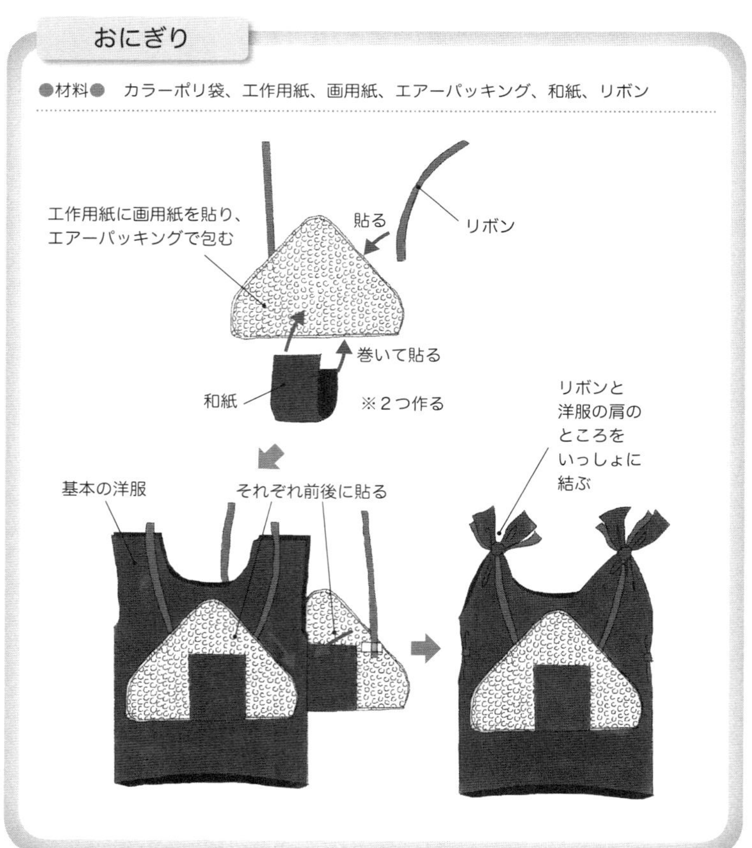

キャベツ

●材料● カラーポリ袋、カラー工作用紙、平ゴム

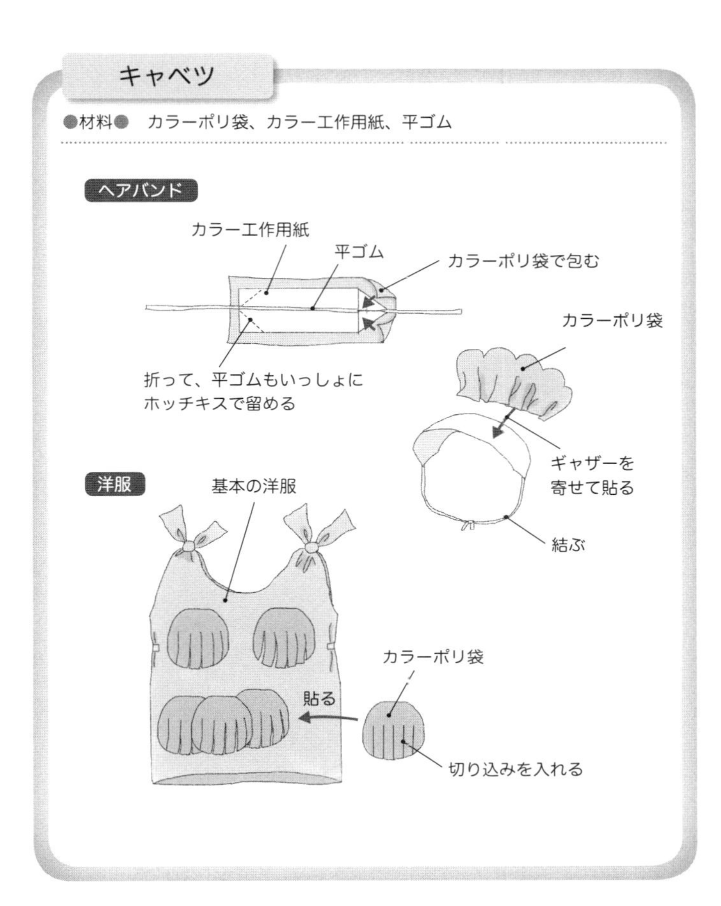

ハンバーグ

●材料● カラーポリ袋、段ボール板、エアーパッキング、シール折り紙、リボン

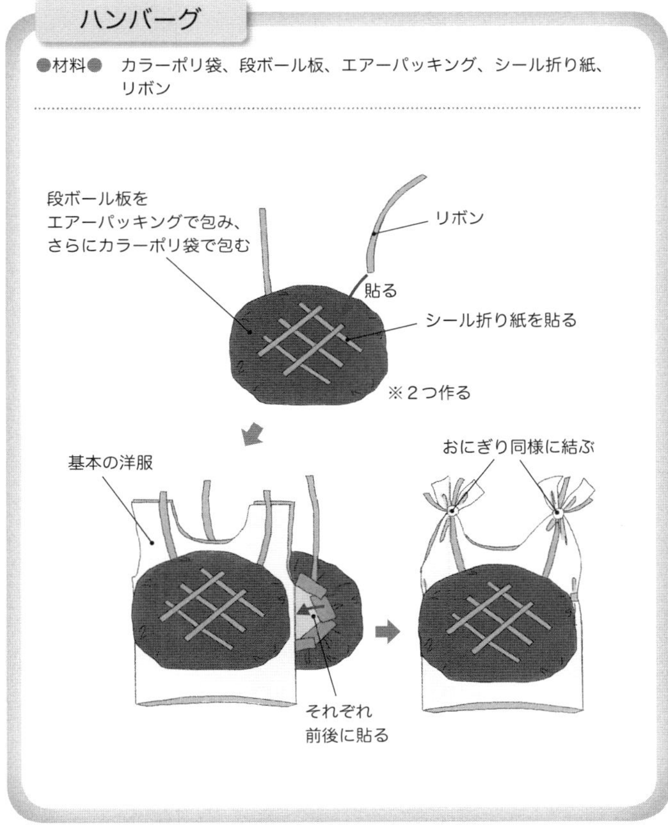

にんじん

●材料● カラーポリ袋、カラー工作用紙、折り紙、輪ゴム、キラキラしたテープ

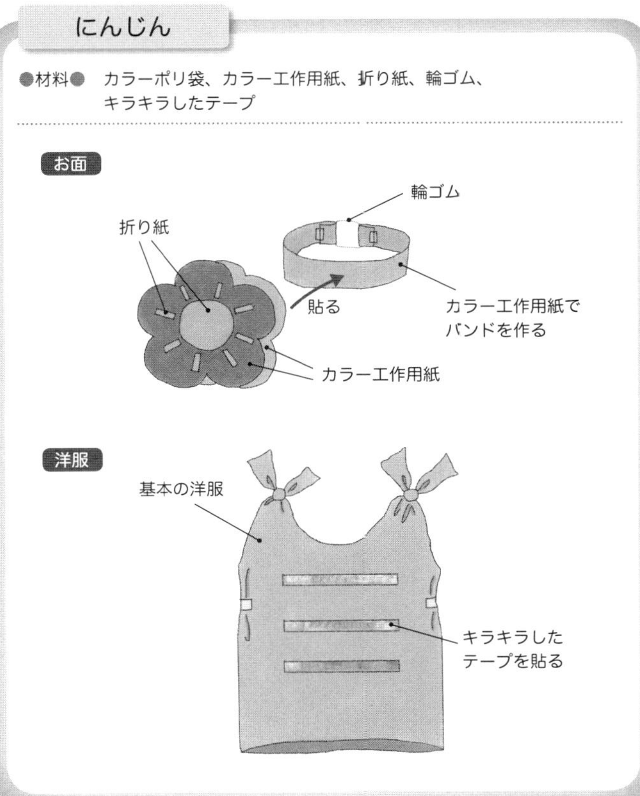

さくらんぼ

●材料● カラーポリ袋、カラー工作用紙、平ゴム、色画用紙、エアーパッキング、モール、柄入りビニールテープ

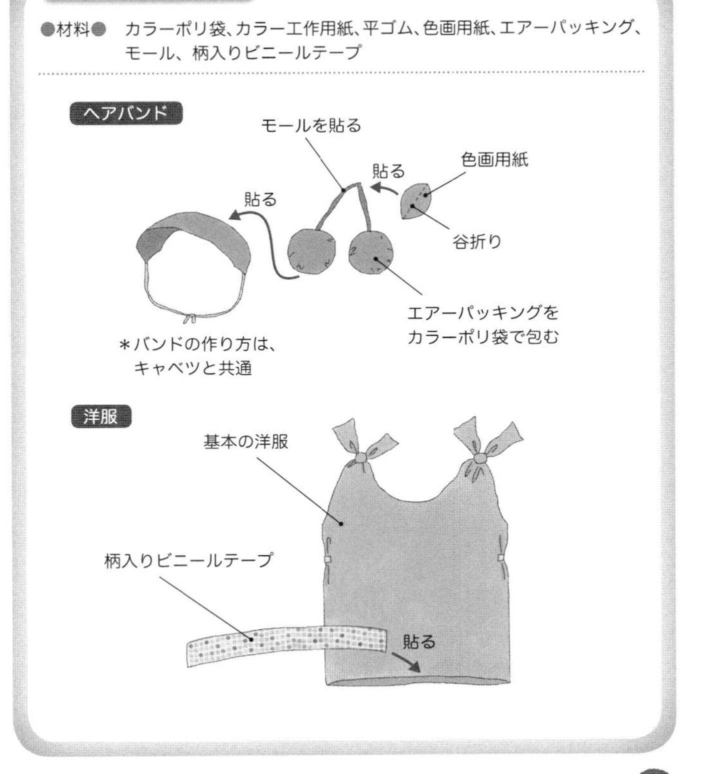

おべんとうを作りましょ

しいたけ

●材料● カラーポリ袋、カラー工作用紙、エアーパッキング、平ゴム、キラキラしたテープ

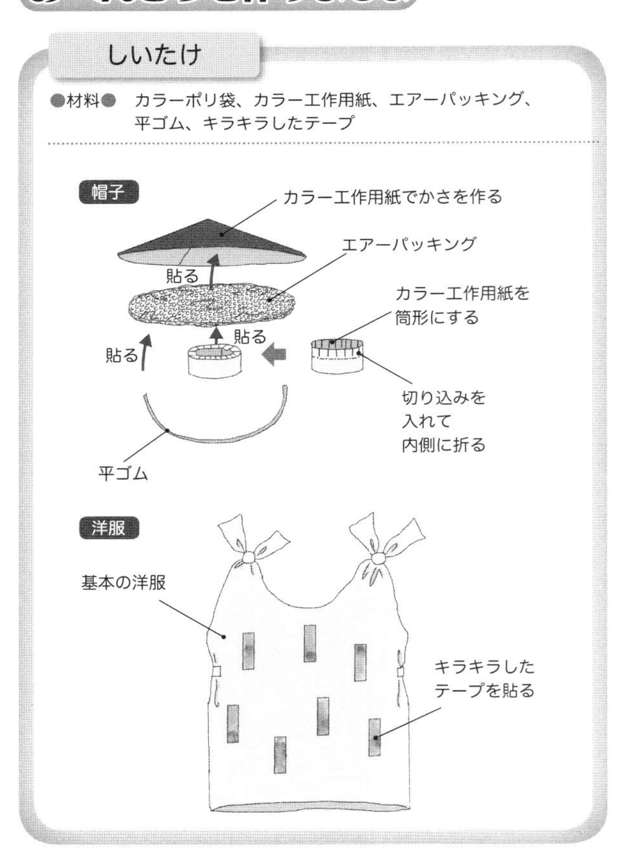

卵焼き

●材料● カラーポリ袋、カラー工作用紙、平ゴム、エアーパッキング、柄入りビニールテープ

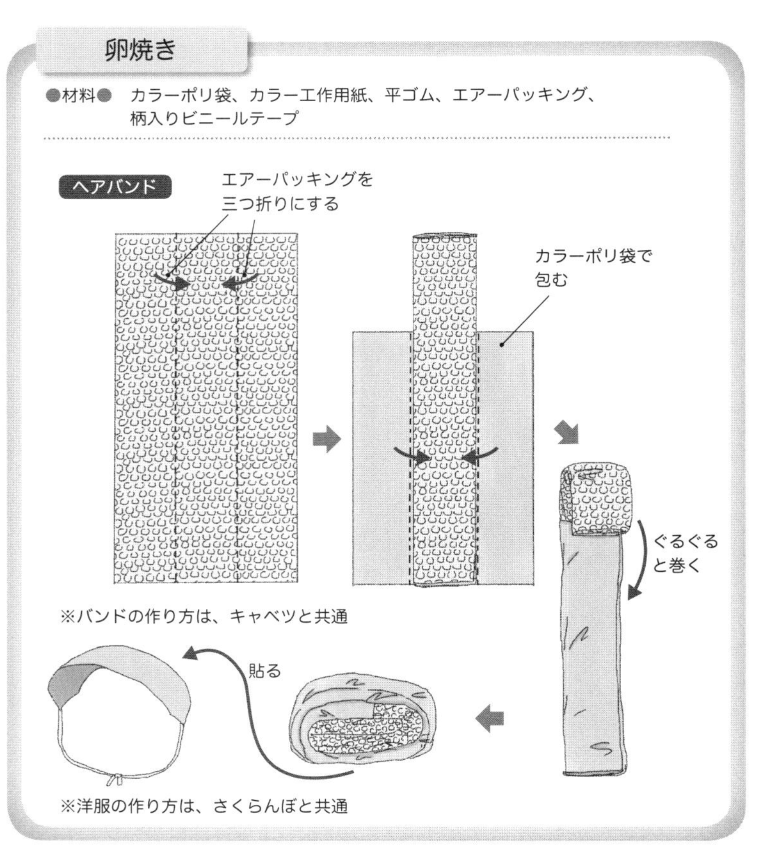

たこさんウインナー

●材料● カラーポリ袋、カラー工作用紙、丸シール、折り紙、輪ゴム

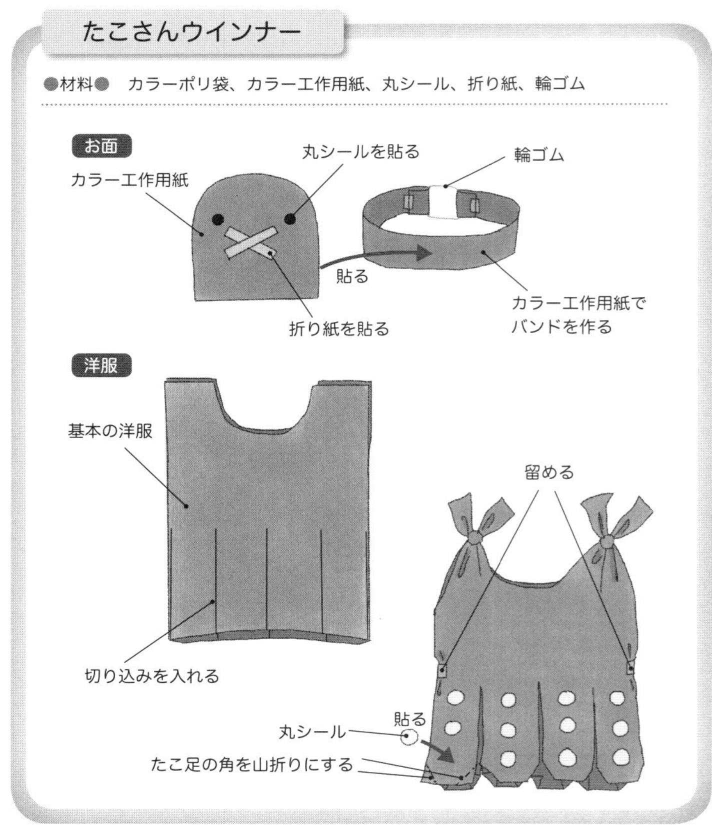

うさぎりんご

●材料● カラーポリ袋、カラー工作用紙、平ゴム、色画用紙、エアーパッキング

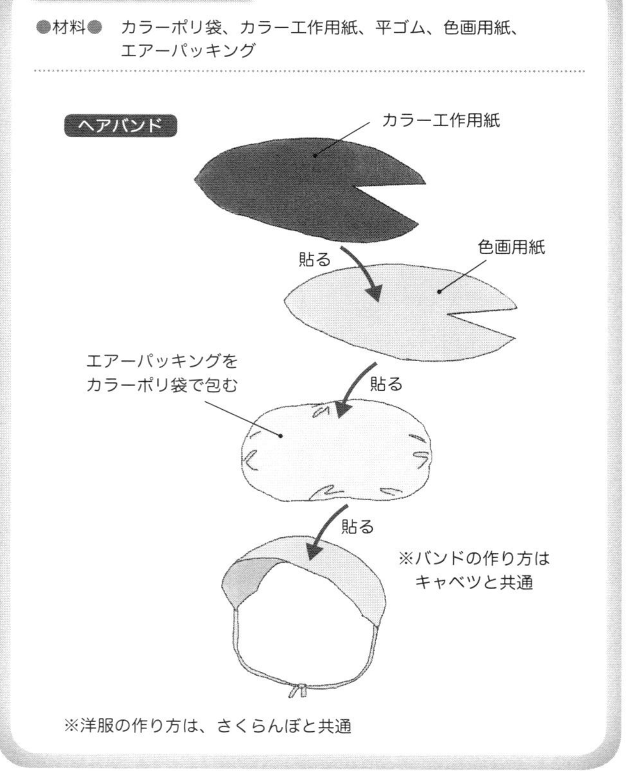

作り方イラスト●おおしだいちこ

おおきなかぶ

コスチューム 22～24 ページ
シナリオ 80～85 ページ

おじいさん

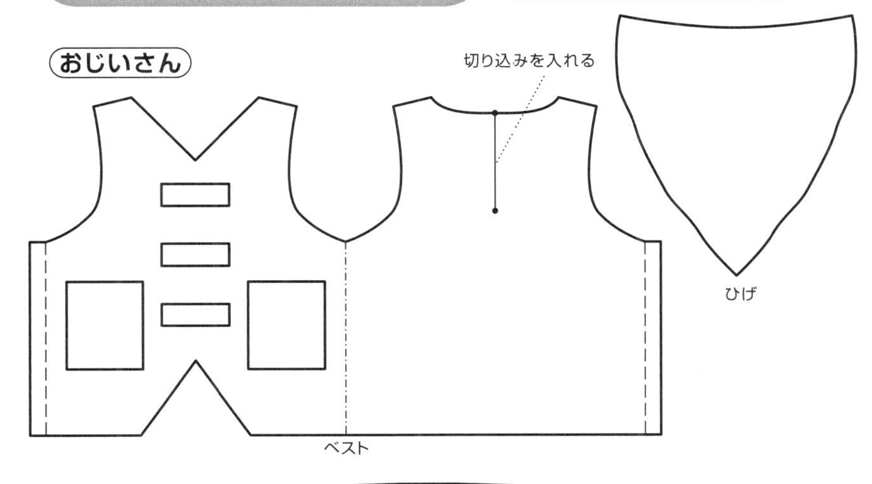

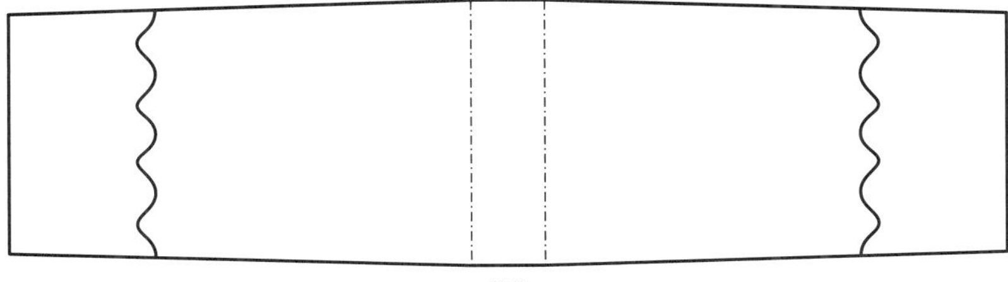

おばあさん

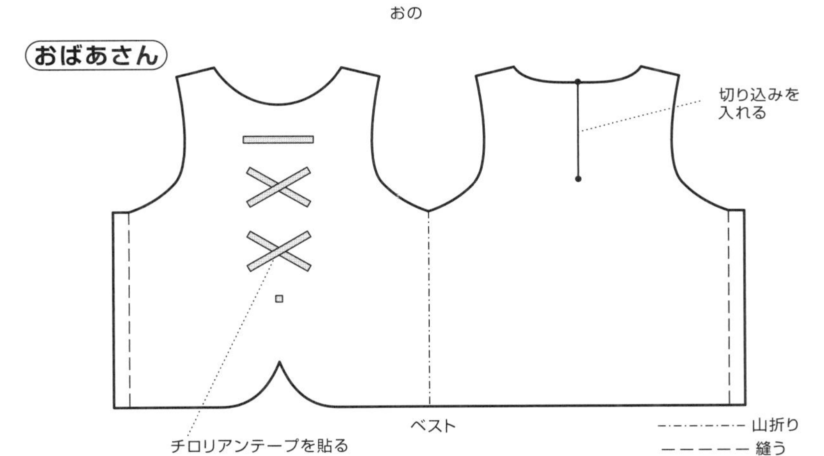

孫（男の子・女の子）

※男の子のベストはおじいさんと、
女の子のベストはおばあさんと共通です。

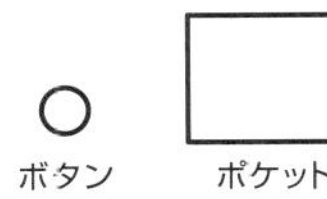

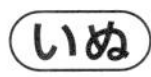

ねこ

耳（左右共通）

ねずみ

耳（左右共通）

いぬ

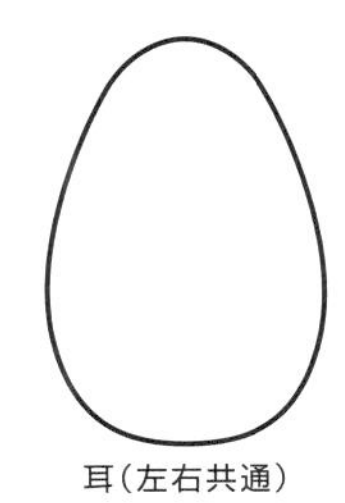

耳（左右共通）

共通

●材料● 不織布、布、リボン、チロリアンテープ、カチューシャ、フェルト、バンダナ、平ゴム

ベスト

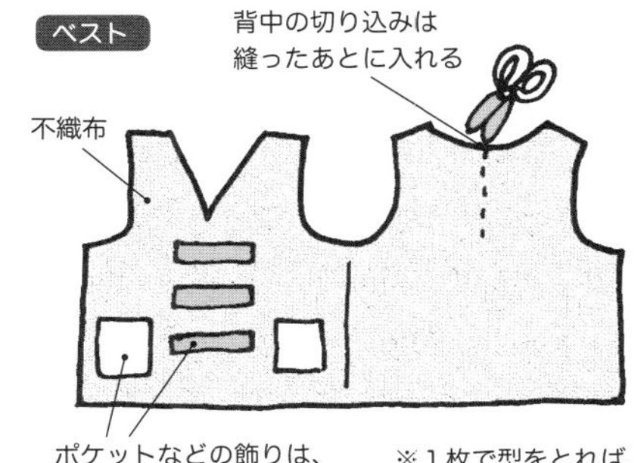

ポケットなどの飾りは、
柄の入った布やリボンを
使う。
両面テープで貼ると簡単

※１枚で型をとれば、
縫う場所が
少なくてすむ

動物の耳

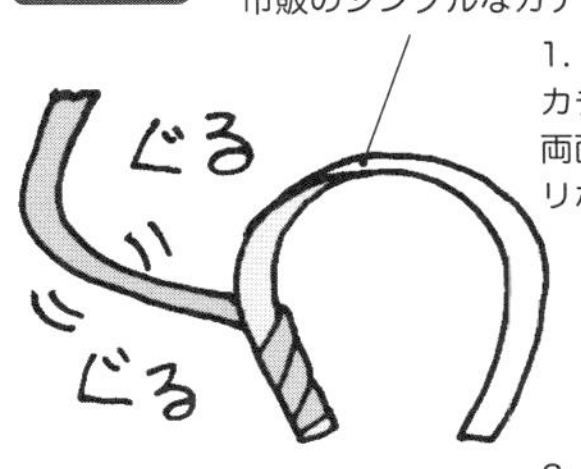

1.
カチューシャに
両面テープを貼り、
リボンを巻く

2.
フェルトで作った
耳を貼る

その他

キャラクターに合わせて
バリエーションを作る

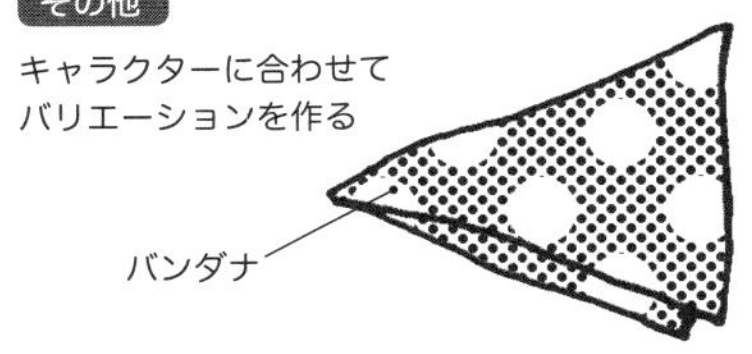

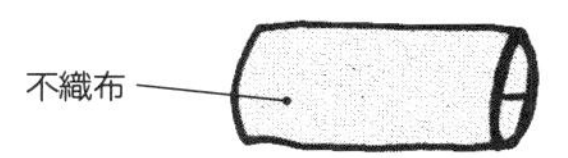

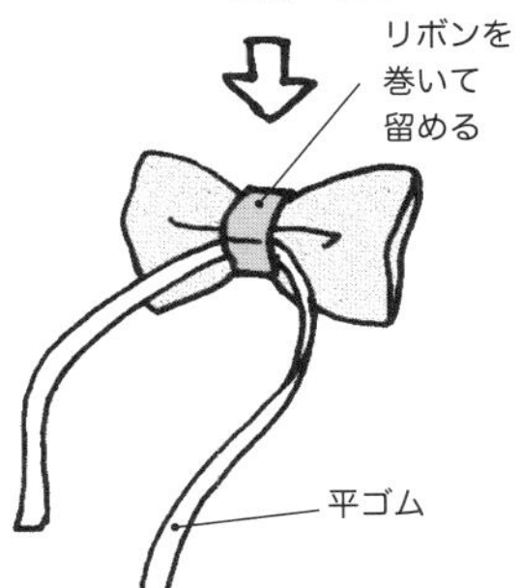

作り方イラスト●いわいざこまゆ

掲載作品

「アラジンと魔法のランプ」　脚本・衣装案●山本和子　衣装製作●あさいかなえ　イラスト●すぎやままえみこ　作り方イラスト●おおしだいちこ
「じゅうにしのおはなし」　脚本・衣装案●山本和子　衣装製作・作り方イラスト●いわいざこまゆ　イラスト●いとうみき
「ポップとタップの大冒険」　脚本・衣装案●山本和子　衣装製作●あさいかなえ　イラスト●やまざきかおり　作り方イラスト●おおしだいちこ
「999 ひきのきょうだい」　脚本●木村 研　衣装案・製作・イラスト●いわいざこまゆ
「さるじぞう」　脚本●山本和子　衣装案・製作・イラスト●いわいざこまゆ・みやれいこ
「おもちゃの国の物語」　脚本・衣装案●浅野ななみ　衣装製作●まーぶる　イラスト●常永美弥　作り方イラスト●おおしだいちこ
「お弁当を作りましょ」　脚本・衣装原案●松家まきこ　衣装案・製作●いわいざこまゆ　イラスト●町塚かおり　作り方イラスト●おおしだいちこ
「おおきなかぶ」　脚本●村田さち子　衣装案・製作●いわいざこまゆ　イラスト●坂本直子　作り方イラスト●いわいざこまゆ

写真撮影◆小山志麻（office 北北西）、林　均、安田仁志
モデル◆有限会社クレヨン
型紙トレース◆株式会社奏クリエイト、プレーンワークス

表紙イラスト◆礒みゆき
表紙・本文デザイン◆小林峰子
本文校正◆有限会社くすのき舎
編集協力◆東條美香
編集◆石山哲郎

ポットブックス
発表会が盛りあがる
3・4・5 歳児の劇あそび
シナリオ＆コスチューム
2016 年 9 月　初版第 1 刷発行

編者／ポット編集部　
発行人／浅香俊二
編集人／西岡育子
発行所／株式会社チャイルド本社
〒 112-8512 東京都文京区小石川 5-24-21
電話／ 03-3813-2141（営業）03-3813-9445（編集）
振替／ 00100-4-38410
印刷・製本／図書印刷株式会社
ISBN978-4-8054-0252-8
NDC376　26 × 21cm　104P　Printed in Japan
日本音楽著作権協会（出）　許諾第 1609192-601 号